施工企业会计最易犯的59个错误

来 来 编著

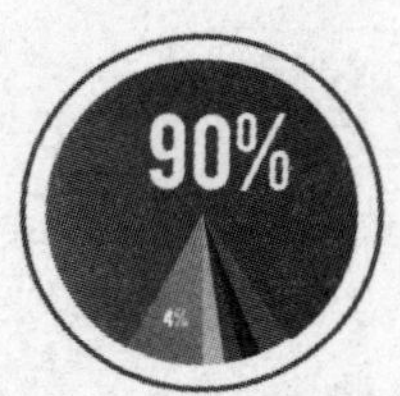

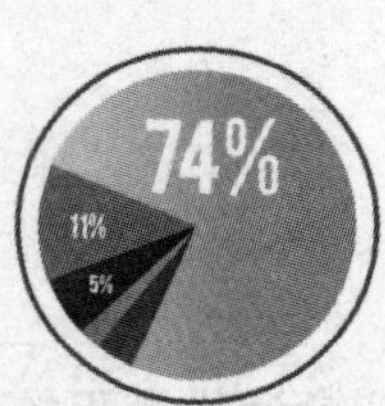

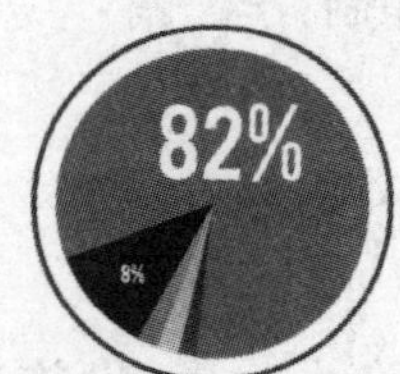

经济科学出版社

图书在版编目(CIP)数据

施工企业会计最易犯的59个错误/来来编著.
—北京:经济科学出版社,2012.6
ISBN 978-7-5141-1845-2

Ⅰ.①施… Ⅱ.①来… Ⅲ.①施工单位-基本建设会计 Ⅳ.①F407.967.2

中国版本图书馆CIP数据核字(2012)第077830号

责任编辑:张 力
责任校对:刘 昕
责任印制:李 鹏

施工企业会计最易犯的59个错误
来 来 编著
经济科学出版社出版、发行 新华书店经销
社址:北京市海淀区阜成路甲28号 邮编:100142
总编部电话:88191217 发行部电话:88191537
网址:www.esp.com.cn
电子邮件:esp@esp.com.cn
香河县宏润印刷有限公司印装
710×1000 16开 15印张 191000字
2012年7月第1版 2012年7月第1次印刷
ISNB 978-7-5141-1845-2 定价:32.00元
(图书出现印装问题,本社负责调换。电话:88191657)

前　言

施工企业会计是以施工企业为主体的一种行业会计。它是以货币为主要计量单位，按照现行会计法规体系的要求，运用一整套专门的核算方法，对施工企业的经济活动进行全面、连续、系统的核算和监督的一种管理活动；通过及时、准确、全面地记录和反映施工企业的财务状况和经营成果，为企业提供真实、有效的会计资料，帮助企业管理者进行经营决策。此外，施工企业会计还向投资者、国家宏观管理部门及其他有关方面提供有用的会计信息，满足其投资决策和宏观管理等方面的需要。

本书以《企业会计准则》为依据，参照财政部颁布的《企业会计基础工作规范》与相关法规，紧密结合《企业会计准则》执行情况和有关问题以及施工企业实际，系统地阐述了施工企业会计核算和基础工作。施工企业会计核算实务是本书的重点。本书翔实地说明了施工企业具体业务各阶段的操作内容、程序、步骤、账务处理、会计凭证附件要求、应把握的重点等，而且附有业务处理范例。

本书结合施工企业财务会计实践，以解决会计实务问题、提高管理水平为目标，紧密围绕施工企业财务工作中存在的一些问题，归纳总结了施工企业财务工作中的一些禁忌行为。全书分别阐述了凭证、票据、账簿以及日常业务等核算与管理方面的禁忌，同时对于财务报表编制与涉税等方面的禁忌也作了系统总结。

本书以独特视角深度剖析了实务工作者在工作中容易陷入的误区，引导广大实务工作者正确做事。而且，书中的讲述条理清晰，语言通俗易懂，让你能够边学边用，在工作上快速上手！

本书在编写过程中参考了大量的财务书籍和相关法规，在此，对这些书籍的作者、法规的制定者和为本书出版给予帮助、支持的朋友们表示衷心的感谢。

由于编者水平有限，书中难免有纰漏和不成熟之处，敬请广大读者朋友们予以批评、指正。

编　者

目录

第3章 货币资金核算易错点

第4章 原材料核算易错点

第5章 存货核算易错点

第6章 固定资产核算易错点

第 7 章 无形资产核算易错点

第 8 章 其他日常业务核算易错点

第 9 章　施工企业报表编制易错点

第 10 章　施工企业的涉税处理易错点

第1章　施工企业凭证、票据处理易错点

本章主要内容

1. 原始凭证的填制
2. 原始凭证的注意事项
3. 原始凭证的审核
4. 记账凭证的填制
5. 记账凭证的注意事项
6. 记账凭证的审核
7. 会计凭证的注意事项

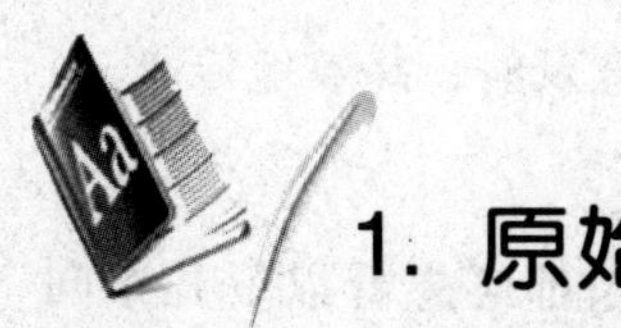

1. 原始凭证的填制

1.1 自制原始凭证的填制

会计人员在处理会计业务时，经常要直接填制一些原始凭证。自制原始凭证由于自身的特点，在内容上与外来原始凭证有一些差别。因此，就要清楚自制原始凭证的步骤和注意事项，以避免在填制时发生错误。

（1）设计原始凭证的基本步骤。

设计原始凭证的基本步骤包括以下五个方面：

第一，确定所需原始凭证的种类。

第二，明确各种原始凭证的用途。

第三，拟定原始凭证的格式。

第四，规定原始凭证的传递程序。

第五，严格原始凭证的保管制度。

（2）设计原始凭证的基本要求。

往往在原始凭证设计过程中也容易犯错，那么就需要严格遵守下列要求：

第一，要适应企业内部机构设置和人员分工情况，贯彻内部控制制度，加强各业务部门和经办人员的责任意识，防止错误及舞弊行为。

第二，要正确处理好借鉴与改进的关系，尤其对于有统一规范格式的原

始凭证，如非必要应尽量采用，以简化设计工作，保证会计实务规范统一。

第三，要适应企业生产经营的特点，兼顾统计部门、业务部门以及其他有关部门对业务管理的具体要求。

第四，要保证会计凭证简便易行，以使会计信息及时、高效地传递。

(3) 自制原始凭证设计时需要考虑的问题。

在设计自制原始凭证时，无论是新人还是老人都应想着以下几个问题，来避免错误的发生。

第一，据以编制记账凭证或登记分类账、日记账时各有哪些要求。

第二，每一类经济业务发生时需要记录哪些方面的内容。

第三，审核原始凭证应把握哪些要件等。据此规定原始凭证设计的种类、内容、格式和联次等。

第四，处理各类经济业务分别需要经由哪些手续。

(4) 自制原始凭证作为原始凭证时，对凭证的基本内容要熟记于心，这样就不会出现缺少内容的错误了。

① 凭证名称。如“工资表”、“入库单”、“领料单”等。

② 经济业务发生的日期和原始凭证的填制时间。

③ 经济业务的内容。如“收取款项”、“发放工资”等。

④ 经济业务的数量。一是实物量；二是价值量。有些业务需要反映实物量和价值量，有些业务只需反映价值量。

⑤ 经济业务的当事单位和当事人。如工资表上要注明某科室或某车间的职工工资，转账凭证所附原始凭证的当事单位就是本单位。

⑥ 责任单位和责任人。每一项经济业务的发生，都有其特定的责任人。如发工资，责任单位就是车间、劳资科和会计部门；责任人是考勤员、工资制表人、领工资人和发工资人。收款收据反映的经济业务责任人是收款人和付款人。

掌握了以上几点窍门，自制原始凭证就不会出错了。

1.2 票据、结算凭证、会计凭证的要求

会计人员在填写票据、结算凭证和会计凭证时，刚开始会工工整整，但是难免有时匆忙间就会忽略书写的问题，这样就会造成填写错误，致使凭证失效。所以，会计人员在填写时字迹必须清晰、工整，并主要符合下列要求：

（1）人民币（大写）。

①数字大写写法：零、壹、贰、叁、肆、伍、陆、柒、捌、玖、亿、万、仟、佰、拾。注意："万"字不带单人旁。

②阿拉伯数字应一个一个地写，阿拉伯金额数字前应当书写货币币种符号（如人民币符号"￥"）或者货币名称简写和币种符号。币种符号与阿拉伯金额数字之间不得留有空白。凡在阿拉伯金额数字前面写有币种符号的，数字后面不再写货币单位（如人民币"元"）。

③汉字大写金额数字，一律用正楷或行书书写，如零、壹、贰、叁、肆、伍、陆、柒、捌、玖、拾、佰、仟、万、亿等易于辨认、不易涂改的字样，不得用○、一、二、三、四、五、六、七、八、九、十、或"另"、"毛"等简化字代替，不得任意自造简化字。

④阿拉伯金额数字中间有"0"时，大写金额要写"零"字，如人民币101.50元，汉字大写金额应写成壹佰零壹元伍角整。阿拉伯金额数字中间连续有几个"0"时，汉字大写金额中可以只写一个"零"字，如￥1 004.56，汉字大写金额应写成壹仟零肆元伍角陆分。阿拉伯金额数字元位为"0"，或数字中间连续有几个"0"，元位也是"0"，但角位不是"0"时，汉字大写金额可只写一个"零"字，也可不写"零"字。如￥1 680.32，汉字大写应写成人民币壹仟陆佰捌拾元叁角贰分。又如

¥1 600.32，汉字大写应写成人民币壹仟陆佰元叁角贰分，或人民币壹仟陆佰元零叁角贰分。

⑤大写金额数字到元或角为止的，在“元”或“角”之后应写“整”或“正”字；大写金额数字有分的，分字后面不写“整”字。

⑥大写金额数字前未印有货币名称的，应当加填货币名称（如“人民币”三字），货币名称与金额数字之间不得留有空白。

⑦所有以元为单位（或其他货币种类为货币基本单位，下同）的阿拉伯数字，除表示单价等情况外，一律在元位小数点后填写到角分，无角分的，角、分位可写“00”或符号“—”，有角无分的，分位应写“0”，不得用符号“—”代替。

⑧325.20元写为叁佰贰拾伍元贰角。

角字后面可加“正”字，但不能写“零分”，比较特殊。

⑨7 560.31元写为：柒仟伍佰陆拾元零叁角壹分。

此时“陆拾元零叁角壹分”的“零”字可写可不写。

⑩532.00元写为伍佰叁拾贰元正。

“正”写为“整”字也可以。不能写为“零角零分”

（2）出票日期（大写）。

①大写数字的写法：零、壹、贰、叁、肆、伍、陆、柒、捌、玖、拾。

②壹月、贰月前零字必写，叁月至玖月前零字可写可不写。拾月至拾贰月必须写成壹拾月、壹拾壹月、壹拾贰月（前面多写了“零”字也认可，如零壹拾月）。

③壹日至玖日前零字必写，拾日至拾玖日必须写成壹拾日及壹拾×日（前面多写了“零”字也认可，如零壹拾伍日，下同），贰拾日至贰拾玖日必须写成贰拾日及贰拾×日，叁拾日至叁拾壹日必须写成叁拾日及叁拾壹日。

1.3　测一测下列会计数字中的对与错

（1）支票的出票日期：2006 年 2 月 13 日，大写为：贰零零陆年贰月壹拾叁日。

（2）支票的出票日期：2005 年 8 月 5 日，大写为：贰零零伍年捌月伍日。

（3）289 546.52 元，大写金额为：贰拾捌万玖仟伍佰肆拾陆元伍角贰分。

（4）销售商品 1 000.84 元，销货发票大写金额为：壹仟元零捌角肆分整。

答案：

（1）错。

2006 年 2 月 13 日应为“贰零零陆年零贰月壹拾叁日”，“贰月”前必须加零。

（2）错。

2005 年 8 月 5 日应为“贰零零伍年捌月零伍日”，“捌月”前零字可写也可不写，“伍日”前零字必写。

（3）正确。

该问题需注意的是：“万”字不带单人旁。

（4）错。

在登记凭证和填列支票时，数字到分位的，大写时后面不加“整”或“正”。

1.4　原始凭证的粘贴

在粘贴原始凭证时，以下几点是容易犯错的地方，会计人员要格外的注意：

（1）和记账凭证页面差不多的原始凭证不必再进行粘贴，页面大于记账

凭证的原始凭证则需要将原始凭证右、下边折叠，使其和记账凭证大小一致。

（2）粘贴单据时最好要分类粘贴，不同种类可以粘在不同的粘贴单上（视原始单据的多少而定）。

（3）很多很小的原始单据要摊开粘贴，比如停车费特别多，粘在粘贴单上时，可以摊开几行粘满，以便装订。

（4）根据财务要求粘贴纸的大小粘贴在粘贴单的范围内，但左边不要遮盖装订线。

如下几点规定，会计人员在粘贴原始凭证时要特别留心，以避免发生差错。

（1）将已填写完毕的正式报销单粘贴在已贴好的原始报销凭证的空白报销单上（将左面对齐粘贴）。

（2）在空白报销单上将原始报账凭证按小票在下、大票在上的要求，从右至左呈阶梯状依次粘贴；若票据较少，可直接在正式报销单的反面粘贴（原始凭证的正面与报销单的正面同向）；若票据较多，可在多张空白报销单上粘贴。

会计人员在粘贴原始凭证时不可随意，要认真、仔细。粘贴原始凭证这一步做不好，会给以后的工作带来很多不便。

1.5 原始凭证的附件处理

（1）附件处理过程中易犯的错。

刚毕业的学生踏上工作岗位，往往做的工作就是先处理记账凭证的附件，附件是不是就是发票？收据可以作为附件入账吗？粘贴附件别看只是一个纯手工活，其中也有很多小技巧。

附件并不单纯指发票，能作为登记记账凭证依据的资料都是附件，比如工资计算单、固定资产折旧计算单等。一般的，收据不能作为入账的依据，但行政事业单位的收据可以作账。实际中可以先进行财务处理，但是一定要让领导签字，年底再进行纳税调整。

（2）附件处理小窍门。

在实际工作中记账凭证所附的原始凭证种类繁多，为了便于日后的装订和保管，在填制记账凭证的时候应对附件进行必要的外形加工。

过宽过长的附件，应进行纵向和横向的折叠。折叠后的附件外形尺寸，不应长于或宽于记账凭证，同时还要便于翻阅；附件本身不必保留的部分可以裁掉，但不得因此影响原始凭证内容的完整；过窄过短的附件，不能直接装订时，应进行必要的加工后再粘贴于特制的原始凭证粘贴纸上，然后再装订粘贴纸。原始凭证粘贴纸的外形尺寸应与记账凭证相同，纸上可先印一个合适的方框，各种不能直接装订的原始凭证，如飞机票、地铁车票、市内公共汽车票、火车票、出租车票等，都应按类别整齐地粘贴于粘贴纸的方框之内，不得超出。粘贴时应横向进行，从右至左，并应粘在原始凭证的左边，逐张左移，后一张右边压住前一张的左边，每张附件只粘左边的0.6~1厘米长，粘牢即可。粘好以后要捏住记账凭证的左上角向下抖几下，看是否有未粘住或未粘牢的。最后还要在粘贴单的空白处分别写出每一类原始凭证的张数、单价与总金额。

如某人报销差旅费，报销单后面的粘贴单附有0.5元的市内公共汽车票20张，1元的公共汽车票12张，285元的火车票1张，869元的飞机票1张，就应分别在汽车票类下面空白处注明0.5×20=10元，1×12=12元，在火车票类下面空白处注明285×1=285元，在飞机票类下面空白处注明869×1=869元。这样，万一将来原始凭证不慎失落，也很容易查明丢的是哪一种票面的原始凭证，而且也为计算附件张数提供了方便。

（3）计算记账凭证后所附原始凭证张数的小窍门。

在计算记账凭证后所附原始凭证的张数时，会计人员往往会数不清

楚，以至于发生差错，其实应区分不同情况：

①对能全面反映每笔经济业务活动情况的原始凭证，应按自然张数计算。

②对不能全面反映每笔经济业务活动情况，需要附件进行补充和说明的，应在原始凭证上注明附件张数，并将其粘贴在一起，附件不计入原始凭证张数。

③对某类或某些原始凭证利用自制封面已进行汇总的，如差旅费报销单、支出汇总审批单等，其封面已对所反映的经济业务活动综合说明，对所附凭证张数也已注明，所以，它们应作为一张原始凭证计算。

2. 原始凭证的注意事项

2.1 原始凭证

一般原始凭证不得外借，其他单位如因特殊原因需要使用原始凭证时，经本单位会计机构负责人（会计主管人员）批注，可以复制，向外单位提供原始凭证复制件。提供的原始凭证复印件应当在专设的登记簿上登记，并由提供人员和收取人员共同签名或者盖章。同时单位内部应建立良好的借用、回收、检查等制度。为避免进出检查麻烦，一般由财务人员跟随一起外出办理。

2.2 原始凭证分割单

所谓原始凭证分割单，是指当一张原始凭证所列的支出需要由两个以上单位共同负担时，由保存该原始凭证的单位开给其他应负担单位的凭证。收到原始凭证分割单的单位以分割单作为记账凭证的附件。

原始凭证分割单必须具备原始凭证的基本内容：凭证名称、填制凭证日期、填制凭证单位名称或者填制人姓名、经办人的签名或者盖章、接受凭证单位名称、经济业务内容、数量、单价、金额和费用分摊情况等（见表1－1）。

表1－1　　　　原始凭证分割单

凭证分割名称：　　　　分割日期：　　　　单位：元

<table>
<tr><td colspan="2">填制凭证单位名称</td><td colspan="2"></td><td colspan="2">接受分割
单位名称</td><td colspan="3"></td></tr>
<tr><td>序号</td><td>分割类别</td><td>经济业务内容</td><td>分割前总额</td><td>单位</td><td>分割量</td><td>单价</td><td>分割金额</td><td>备注</td></tr>
<tr><td>1</td><td></td><td></td><td></td><td></td><td></td><td></td><td></td><td></td></tr>
<tr><td>2</td><td></td><td></td><td></td><td></td><td></td><td></td><td></td><td></td></tr>
<tr><td>3</td><td></td><td></td><td></td><td></td><td></td><td></td><td></td><td></td></tr>
<tr><td>4</td><td></td><td></td><td></td><td></td><td></td><td></td><td></td><td></td></tr>
<tr><td rowspan="2">5</td><td>合计</td><td></td><td></td><td></td><td></td><td></td><td></td><td></td></tr>
<tr><td>大写</td><td colspan="7"></td></tr>
</table>

填制人：　　　　经办人：　　　　接受人：

3. 原始凭证的审核

3.1　原始凭证的审核内容

会计小陈对发票的处理一直很茫然，审核发票时除了审核小写金额和大写金额是否相符，是否有领导的签字外，基本上就不知道再审核什么

了。那么怎样才能避免审核发票时出现错误呢？

发票审核应注意的事项如下。

（1）审发票的票面。

看有无涂改的痕迹，如果有要认真盘查，防止把别的发票拿来报销，或者小数改大数。

（2）审发票的抬头。

看所填单位名称是否本单位，防止把私人或者其他单位的购货发票拿来报销。

（3）审出具发票的单位名称。

一是看与本单位有无经济业务关系；二是看发票名称与经济内容是否相符；三是看发票内容与售货单位的经营范围是否吻合。

（4）审发票的编号。

看有无连号现象，防止把别人的发票拿来报销。

（5）审发票所开物品的价格。

看与以往所购同种物品是否相同，如相差过大，应及时查明原因。

（6）审发票的数字。

看数字乘以单价是否等于总金额；看大小写金额是否一致；看小写金额前面是否有“￥”字样，大写金额前面是否顶格。如有差错，一定要查清缘由。

（7）审发票开出的时间。

一看是否有同一经济内容、同一金额的发票在相近时间内出现，防止重复报账；二看发票之间在时间和内容上的内在联系，如购买大件商品与其运费发生的时间是否前后相距太远等。

（8）审发票的备注。

看备注栏有何规定或说明，如有无“违章罚款，不得报销”、“滋补药品，费用自理”等字样。

（9）审发票的印章。

一看有无税务部门的监制章；二看有无售货单位的财务专用章；三看有无经手人签章。只有印章齐全，才能报销。

（10）审发票的印制日期。

按照规定，开具发票的单位每年度都应从税务部门领取本年度版本的发票，即便可使用上一年度版本的发票按规定也不宜时间跨度太长。审发票印制日期，就是看是否把作废发票又拿来重新使用，如果是，不但不能报销，而且还要向有关发票管理机构反映。

（11）审发票的背面。

发票背面虽然没有内容，但由于发票基本上都是用复写纸写的，因而背面一般应有复写的印痕，如果没有，则应特别注意。

（12）审发票的报销手续。

看有无经手人、验收人、批准人签字，如没有，应先补齐手续。

此外，在审核发票时，还要注意分析一些不能通过票面而反映的问题。例如，采购物资是否舍近求远、舍优求劣；购买的办公用品只写金额，没有具体内容，是否会是一些非办公用品。如有类似的问题必须问清缘由，防止被少数人钻了空子。

3.2 原始凭证的审核

对于凭证的审核，有些人认为只要经理或总经理大笔一挥签了名，就是凭证审核的结束。然而，有时这样就会产生差错，原因是：

（1）经理不可能计算每张凭证的准确性。

（2）经理对会计知识是陌生的。

（3）经理不了解凭证的合法性。

（4）经理还有许多公务要处理。

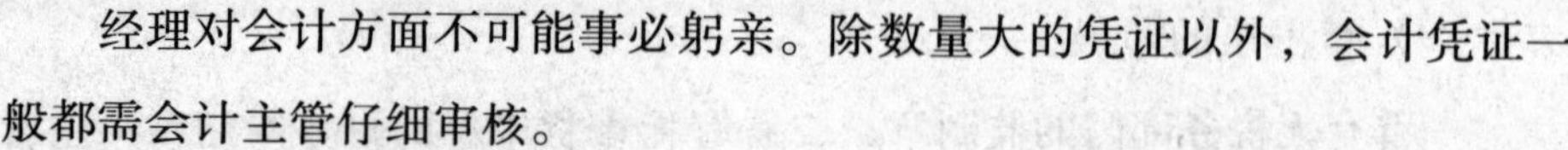

经理对会计方面不可能事必躬亲。除数量大的凭证以外，会计凭证一般都需会计主管仔细审核。

所以对凭证审核，即使是经理签了字，会计主管一经发现错误（即违背真实性、合理性、合法性和准确性），也可以马上予以纠正。

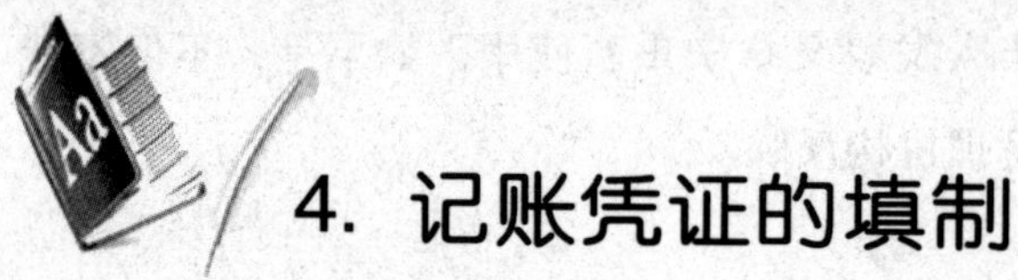

4. 记账凭证的填制

4.1 记账前的准备工作

在要记账之前，要做好充分的准备工作，这样才能避免在以下几点发生错误。

（1）选购和装订账簿。

现行总账一般采用订本式，选购时应根据本单位业务量的大小选择，尽量一年一本，避免一种账一年用不完或不够用。活页账装订时要注意同一本账装同样的账页，其纸色、大小应一致。装订时，应排齐顶紧，以保证账本外形美观，防止账页松动。

（2）粘贴索引纸。

会计业务量小的单位账簿可不设索引纸，会计业务量较大、业务较复杂的单位账簿应粘贴索引纸。粘贴索引纸时，应按由前往后（按账页顺序）、自上而下的顺序粘贴。当合起账本时，全部索引纸应整齐、匀称，并能显露科目。

（3）统一笔墨、印台、印章。

同一本账尽量用同一支笔、同一品牌的墨水、同一套印章、同色印油。墨水、印台应单独保管，以免被他人混用而改变颜色。记账用的蘸水笔也应单独保管，防止被他人使用而改变笔尖的角度，造成笔迹不一。

（4）整理办公桌面，清除污染物，防止账簿被污染。

4.2 填写记账凭证时的正确写法

在填写记账凭证时，对阿拉伯数字的字形以及书写方法要掌握，避免发生差错。正确的书写方法如表1－2所示。

表1－2　　阿拉伯数字书写字形表

数码	决定斜度的主体结构	关键部位的书写方法	不规范的字形			
1	1	①着笔时，注意高度与其他字码保持顶端平齐 ②走笔向下时，掌握好斜度，应与其他字码保持斜度一致 ③斜竖必须拉直，不得弯曲 ④收笔落在底线，不得伸入下格	字形太短	字形太长	弯曲不直	甩笔
2	2	①起笔先向右下方，转弯再向左下方，此一笔决定斜度 ②相交点后部，应成一扁圆形，并落在底线之上 ③最后相交的一笔，应成弧状，扣至底线时收笔，不得越过底线 ④所有部位，均要求自然圆润	影响斜度	收笔不好	没有斜度	伸入下格出现死角
3	3	①起笔注意高度，与其他字大体平齐 ②上半部要短于下半部 ③最后一斜笔，决定此字的斜度，拉至底线收笔 ④腹部尖角不得突出，以不超过上下两笔端为限	影响斜度	破坏圆润	影响整洁	甩笔

续表

数码	决定斜度的主体结构	关键部位的书写方法	不规范的字形			
4.	4	①起笔略低于要求高度，第二笔斜竖才与其他字保持平齐 ②转弯处不要写成死角，应微带圆形 ③两斜竖应成平行线 ④转弯后的一横笔，不能与底线重合，应向右拉平，与底线成平行状	4 底线重合	4 妨碍圆润	4 影响斜度	4 甩笔
5	5	①起笔高度，要与其他字平齐 ②转弯向右处成死角，走笔微向上提，以保持下半部的自然圆润 ③下半部圆弧底，要落在底线上，收笔微上翘 ④最后一短横，长短适中，拉平	5 不出斜度	5 出现死角伸入下格	5 末笔不平	5 并用甩笔破坏斜圆
6	6	①起笔要注意高度，与其他字大致平齐 ②斜竖向下必须拉直，将要接近底线时要再向右翻转 ③下半部应呈扇圆形，自然圆润，不出楞角 ④收笔时，走笔逐渐向下与斜竖自然相重合，不露痕迹	6 影响斜度	6 妨碍圆润	6 斜竖太短	6 出现甩笔
7	7	①起笔高度与其他字大体平齐 ②转变处不要死角，应微带圆形 ③转变后向左下方的斜竖要拉直，它决定此字斜度 ④收笔可伸入下格，但不得过长或甩笔	7 斜度不够	7 甩笔过长	7 影响整洁	7 未出下线
8	8	①除起笔和收笔相交处外，字的其他部位均要求自然圆润 ②上半部圆形应小于下半部，不得写成上下两个大小相同的圆形 ③斜度决定于最后向上的一斜笔 ④起笔收笔相交自然吻合，不得出现交叉出头现象	8 影响斜度	8 相交出头	8 上大下小	8 出现死角

续表

数码	决定斜度的主体结构	关键部位的书写方法	不规范的字形			
9	9	①起笔高度与其他字平齐 ②上半部呈椭圆形，不能写成正圆，圆的下部不能落在底线上 ③向下一斜笔，决定此字的斜度，必须拉直，不得弯曲 ④收笔可伸入下格，但不可过长或甩笔	9	9	9	9
			破坏斜度	妨碍整洁	字体偏低	斜竖不直，出现甩笔
0	0	①高度可略低于其他数码 ②成椭圆形，其斜度要求大体与其他字一致 ③起笔收笔相交自然，不露痕迹 ④圆的下部落在底线上	0	0	0	0
			不出斜度	不出斜度	影响圆润	甩笔

4.3 记账凭证的填制要求

在填制记账凭证时，要对基本要求了如指掌，这样就避免在以下几点发生的错误。

（1）记账凭证填制的基本要求。

记账凭证是登记账簿的依据，正确填制记账凭证，是保证账簿记录正确的基础。填制记账凭证应符合以下基本要求：

①连续编号。即记账凭证应连续编号。这有利于分清会计事项处理的先后，便于记账凭证与会计账簿之间的核对，确保记账凭证的完整。

②内容完整。即记账凭证应该包括的内容都要具备。应该注意的是：记账凭证的日期，一般为编制记账凭证当天的日期。按权责发生制原则计算收益、分配费用、结转成本利润等调整分录的记账凭证，虽然需要到下个月才能编制，仍应填写当月月末的日期，以便在当月的账内进行登记。

③分类正确。即根据经济业务的内容，正确区别不同类型的原始凭证，正确应用会计科目。在此基础上，记账凭证可以根据每一张原始凭证填制，

或者根据若干张同类原始凭证汇总编制，也可以根据原始凭证汇总表填制，但不能将不同内容和类别的原始凭证汇总填制在一张记账凭证上。

④审核无误。即在对原始凭证审核无误的基础上填制记账凭证。这是内部控制制度的一个重要环节。

（2）记账凭证填制的具体要求。

①一张原始凭证所列的支出需要由两个以上的单位共同负担时，应当由保存该原始凭证的单位开给其他应负担单位原始凭证分割单。

②记账凭证编号的方法有多种，可以按现金收付、银行存款收付和转账业务三类分别编号，即“现字第×号”、“银字第×号”、“转字第×号”，也可以按现金收入、现金支出、银行存款收入、银行存款支出和转账五类进行编号，即“现收字第×号”、“银收字第×号”“现付字第×号”、“银付字第×号”、“转字第×号”。各单位应当根据本单位业务繁简程度、人员多寡和分工情况来选择便于记账、查账、内部稽核、简单严密的编号方法。无论采用哪一种编号方法，都应该按月顺序编号，即每月都从1号编起，顺序编至月末。

③除结账和更正错误外，记账凭证必须附有原始凭证并注明原始凭证的张数。

④若记账之前发现记账凭证有错误，应重新编制正确的记账凭证，并将错误凭证作废或撕毁。已经登记入账的记账凭证，在当年内发现填写错误时，应用红字填写一张与原内容相同的记账凭证，在摘要栏注明“注销某月某日某号凭证”，同时再用蓝字重新填制一张正确的记账凭证，注明“订正某月某日某号凭证”。如果会计科目没有错误，只是金额错误，也可以将正确数字与错误数字之间的差额，另编一张调整的记账凭证，调增金额用蓝字，调减金额用红字。发现以前年度的错误，应用蓝字填制一张更正的记账凭证。

但是在出现以下经济业务时，要同时编制两种记账凭证。

一是业务人员出差回来后报销差旅费，余款退回。此时，也应该同时编制收款凭证和转账凭证两种。

二是销售一批产品，现有一部分货款已收到，而另一部分货款没有收到。这个时候，应该同时编制收款凭证和转账凭证两种。

⑤实行会计电算化的单位，其机制记账凭证应当符合对记账凭证的一般要求，并应认真审核，做到会计科目使用正确，数字准确无误。打印出来的机制记账凭证上，要加盖制单人员、审核人员、记账人员和会计主管人员印章或者签字，以明确责任。

⑥正确编制会计分录并保证借贷平衡。

⑦只涉及现金和银行存款之间收入或付出的经济业务，应以付款业务为主，只填制付款凭证，不填制收款凭证，以免重复。

⑧摘要应与原始凭证内容一致，能正确反映经济业务的主要内容，表述简单精练。

⑨记账凭证填制完经济业务事项后，如有空行，应当在金额栏自最后一笔金额数字下空行处至合计数上的空行处划线注销。

5. 记账凭证的注意事项

5.1 记账时要注意的细节

在记账时，既要注意大的方面，在细节上要留心，尤其是以下几点，

会计人员要格外注意，避免发生差错。

（1）先将笔在其他纸上试写数字，以清除沉积在笔头的墨水。使用蘸水笔记账，应备专用墨水，并使瓶中的墨水保持一定的高度，以便蘸水均匀。

（2）在账页下部放干净纸，防止手上的汗渍浸染账页。

（3）翻动墨水未干的账页，可在其上放一张吸水较强的纸。这样既可防止未干墨水污染账簿，又不影响记账速度。

（4）记账要及时，要精力集中，以提高记账的质量，减少差错率，同时还能在笔迹、颜色上减少时间差的影响。

（5）结账划线应用两块直尺重叠使用，上面的（尺）向前伸出一点，使尺的前沿伸出的部分与账页保持一定的距离，以避免尺上的墨水污染账页。

（6）结账应核对无误后，再用记账笔正式填写。

（7）结账的通栏横线不要骑格划，可稍稍错上一点，以免红绿颜色相混，看不到红线。

（8）印章应经常擦拭，以保持字面清晰。使用印章时，应先在其他纸上试盖，待清晰时再正式使用，要注意印油不可太多，否则，不仅会影响本账页的整洁，还会渗透而殃及相邻的页面。

（9）翻阅账页时，不要总捻账页的右下角或右上角，应该经常变换位置，以防止账角卷曲变黑，影响账簿的整洁与寿命。

5.2　实际记账工作中常出现的差错

（1）记账凭证科目运用错误。

即没有正确运用有关会计科目，发生了科目运用错误（如将应收与应付、待摊与预提、虚账户与实账户、固定资产与低值易耗品混淆）、内容错误（将科目所包括的业务内容弄错，如混淆了银行支票、汇票和本票的区别，将银行支票列入其他货币资金之中；又如将销售费用列入财务费用或管理费用之中等)、对应关系错误（将科目借方与贷方关系列错，出现多借多贷或者其他对应关系不明的现象）等。

（2）账簿登记不规范。

如文字或数字上面的空距太大或过小，用铅笔或圆珠笔登记账簿，登账时发生跳页、跳行又未按规定划线注销等。

（3）记账凭证基本要素不全或填写不完整。

如会计凭证中“摘要”不规范。要么填写内容过于简单，不能说明经济活动发生的详细情况；要么用词不准确，不能正确无误地反映该项经济业务；要么文字说明过于累赘，失去了摘要的特点；要么干脆不写摘要，给违规人以可乘之机。

（4）记账凭证无编号或者编号错误。

记账凭证经常涉及两份及两份以上的原始凭证，此时的编号用序号（三份凭证的情形）1/3、2/3、3/3 等区分表示所附的不同的原始凭证；无编号是指对多份原始凭证没有按序排队编号，使得各份凭证难以辨别彼此；编号错误指虽然存在原始凭证编号，但所排列的顺序混乱，难以窥视其相互关系。

（5）附件数量和金额错误。

记账凭证所附的原始凭证的张数和内容与记账凭证不符，或者各张原始凭证所记金额的合计数与记账凭证记录金额不符。

（6）总账与明细账的登记未按平行登记法的要求进行，使得账簿记录失真。

如经济业务发生后，总账和明细账登记的时间距离太远；总账与明细账的登记方向与金额不一致或不相等；平行登记时，记串账户、漏记、重记、记错数字等。

（7）印鉴错误。

对已入账的记账凭证未加盖有关印章，或者加盖不全，使已入账的凭证与未入账的凭证难以区分；有效的记账凭证与出错作废的凭证难以区分；记账凭证中没有记账、审核等人员的签章。

（8）日记账未按规定逐日逐笔进行登记。

6. 记账凭证的审核

所有填制好的记账凭证，都必须经过其他会计人员认真的审核。在审核记账凭证的过程中，如发现记账凭证填制错误，应按照规定的方法及时加以更正。只有经过审核无误后的记账凭证，才能作为登记账簿的依据。以下内容是会计人员需要格外留心的，这样在审核时才不会发生差错。

（1）填制凭证的日期是否正确：收款凭证和付款凭证的填制日期是否货币资金的实际收入日期、实际付出日期；转账凭证的填制日期是否是收到原始凭证的日期或者是编制记账凭证的日期。

（2）凭证是否编号，编号是否正确。

（3）经济业务摘要是否正确地反映了经济业务的基本内容。

（4）会计科目的使用是否正确；总账科目和明细科目是否填列齐全。

（5）记账凭证所列金额计算是否准确，书写是否清楚、符合要求。

（6）所附原始凭证的张数与记账凭证上填写的所附原始凭证的张数是否相符。

（7）填制凭证人员、稽核人员、记账人员、会计机构负责人、会计主管人员的签名或盖章是否齐全。

7. 会计凭证的注意事项

7.1 会计凭证的装订

会计凭证的装订是指定期把编制好的会计凭证按照编号顺序，外加封面、封底，装订成册，并在装订线上加贴封签。在封面上，应写明单位名称、年度、月份、记账凭证的种类、起讫日期、起讫号数以及记账凭证和原始凭证张数，并在封签处加盖会计主管的骑缝图章。如果采用单式记账凭证整理装订时，必须保持会计分录的完整，应按凭证号码顺序还原装订成册，不得按科目归类装订。对各种重要的原始单据以及各种需要随时查阅和退回的单据，应另编目录，单独登记保管，并在有关的记账凭证和原始凭证上相互注明日期和编号。

会计凭证装订的要求是既要美观大方又要便于翻阅，所以在装订时要先设计好装订册数及每册的厚度。一般来说，一本凭证，厚度以1.5～2.0厘米为宜，太厚了不便于翻阅核查，太薄时可用纸折一些三角形纸条，均匀地垫在装订处，以保证它的厚度与凭证中间的厚度一致。

会计凭证的装订是一个重要的环节，会计要掌握方法，才不会出现差错。有些会计在装订会计凭证时采用角订法，装订起来简单易行，效果也很不错（见图1－1）。它的具体操作步骤如下。

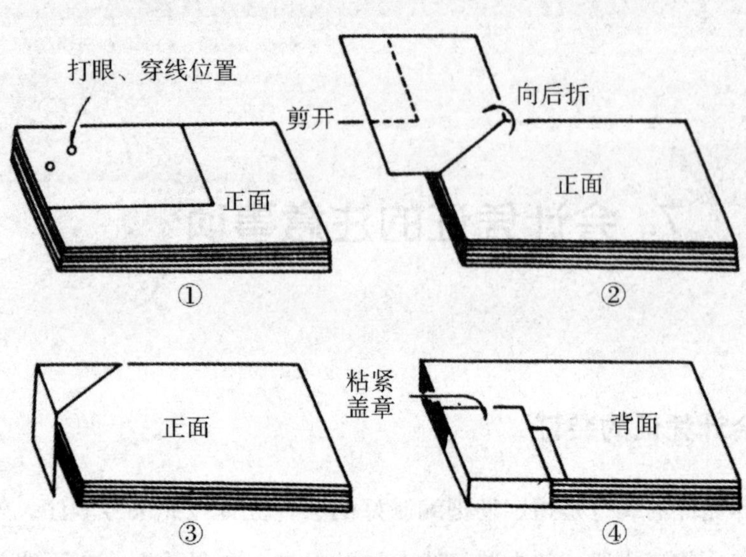

图 1－1　凭证装订方法

（1）封面和封底裁开，分别附在凭证前面和后面，再拿一张质地相同的纸（可以再找一张凭证封皮，裁下一半用，另一半为订下一本凭证备用）放在封面上角，做护角线。

（2）凭证的左上角画一边长为 5 厘米的等腰三角形，用夹子夹住，用装订机在底线上分布均匀地打两个眼儿。

（3）大针引线绳穿过两个眼儿。如果没有针，可以将回形别针顺直，然后将两端折向同一个方向，将线绳从中穿过并夹紧，即可把线引过来，因为一般装订机打出的眼是可以穿过的。

（4）在凭证的背面打结。线绳最好把凭证两端也系上。

（5）将护角向左上侧折，并将一侧剪开至凭证的左上角，然后抹上胶水。

（6）向上折叠，并将侧面和背面的线绳扣粘住。

（7）待晾干后，在凭证本的背面写上“某年某月第几册共几册”的字样。装订人在装订线封签处签名或盖章。现金凭证、银行凭证或转账凭证最好依次顺序编号，一个月从头编一次序号，如果单位的凭证少，可以全年顺序编号。

7.2 会计凭证的传递

会计凭证的传递是指会计凭证从填制或取得时起，经审核、记账到装订保管的全过程。

各种记账凭证所记载的经济业务内容不同，涉及的部门和人员不同，办理的经济业务手续也不尽一致。组织会计凭证传递，必须遵循内部牵制原则，力求做到及时反映、记录经济业务。以下几个方面是会计人员在会计凭证传递过程中易犯错的地方。

（1）应根据每种经济业务的特点、会计人员在内部组织机构和人员分工情况以及经营管理的需要，恰当规定会计凭证传递的必要环节，并据之恰当规定会计凭证的份数，做到既使各有关部门和人员能了解经济业务的情况，及时办理凭证手续，又避免凭证传递经过不必要的环节，以利于提高工作效率。

（2）一切会计凭证的传递和处理，必须在会计报告期内完成，应当及时传递，不得积压，不得跨期，否则势必影响会计核算的正确性和及时性。

（3）要根据各个环节办理经济业务所必需的时间，合理规定凭证在各个环节停留的时间，以确保凭证及时传递。

（4）会计凭证在传递过程中，既要做到完备严密，又要简便易行。凭证的签收、交接应当制定必要的制度，以保证会计凭证的安全与完整。

7.3 会计凭证的保管

保证会计凭证的安全与完整是全体财会人员的共同职责，在立卷存档之前，会计凭证的保管由财会部门负责。保管过程中易忽视以下问题：

（1）各种经济合同和涉外文件等凭证，应另编目录，单独装订保存，同时在记账凭证上注明“附件另订”。

（2）凭证在装订以后存档以前，未妥善保管，出现受损、弄脏、霉烂以及鼠咬虫蛀等情况。

（3）原始凭证未经批准擅自外借。

（4）对于性质相同、数量过多或各种随时需要查阅的原始凭证，如收、发料单，工资卡等，可以单独装订保管，在封面上未注明记账凭证种类、日期、编号，同时在记账凭证上也未注明“附件另订”和原始凭证的名称及编号。

（5）会计凭证未及时传递，且积压。

会计凭证是重要的经济资料和会计档案。每个单位在完成经济业务手续和记账以后，须按规定的立卷归档制度，形成会计档案资料，以便日后查阅。

会计部门在记账后，应定期（每日、每旬或每月）对各种会计凭证加以分类整理，将各种记账凭证按照编号顺序，连同所附的原始凭证折叠整齐，加具封面、封底，装订成册，并在装订线上加贴封签。在封面上，应写明单位名称、年度、月份、记账凭证的种类、起讫日期、起讫号码以及记账凭证和原始凭证的张数，并在封签处加盖会计主管的骑缝图章。如果采用单式记账凭证，在整理装订凭证时，必须保持会计分录的完整。为此，应按凭证号码顺序还原装订成册，不得按科目归类装订。

第2章　施工企业账簿处理易错点

本章主要内容

8. 施工企业账簿的建立

9. 新、老施工企业的建账

10. “账外账”与“备查账”

11. 会计账簿的注意事项

8. 施工企业账簿的建立

建账对于会计来说看似一个非常简单的工作，但从建账过程中却可以看出一个会计人员的业务能力和对企业经济活动情况的熟悉程度，所以如何根据企业情况建账非常重要，而会计人员在建账过程中往往会犯以下错误。

（1）没有依据企业管理需要。

建立账簿是为了满足企业管理的需要，为管理提供有用的会计信息，所以在建账时应以满足管理需要为前提，避免重复设账、记账。

（2）与企业业务量不相适应。

企业规模与业务量是成正比的，规模大的企业，业务量大，分工也复杂，会计账簿需要的品种也多；企业规模小，业务量也小，会计账簿品种也少。有的企业，一个会计可以处理所有经济业务，就没有必要设许多种类的账簿，所有的明细账合成一两本就可以了。

（3）没有依据账务处理程序。

企业业务量的大小不同，所采用的账务处理程序也不同。企业一旦选择了账务处理程序，也就选择了账簿的设置，如果企业采用的是记账凭证账务处理程序，企业的总账就要根据记账凭证序时登记，就要准备一本序时登记的总账。

不同的企业在建账时所需要购置的账簿是不相同的，总体讲要依企业

规模、会计人员的多少、经济业务的繁简程度，采用的核算形式及电子化程度来确定。

无论何种企业，都存在货币资金核算问题，现金和银行存款日记账都必须设置。另外还需设置相关的总账和明细账。

当一个企业刚成立时，一定要去会计用品商店购买这几种账簿和相关账页。需说明的是明细账有许多种账页格式，在选择时，要选择好所需要的种类。

9. 新、老施工企业的建账

9.1 新建施工企业的建账

新建施工企业建账的时间是企业会计人员走马上任的时间，它不一定是在年初。财务会计部门建账时，并没有上下年结转之类的会计处理业务。它是把企业筹建过程发生的经济业务不断反映在账簿之中，并在企业有了业务活动或收入后，才转为企业正常会计核算方式的。因此，新建施工企业的建账过程分为两个阶段：

一是筹建阶段的建账；

二是转为营业阶段（开展业务活动阶段）的建账。

（1）施工企业筹建阶段的建账。

企业筹建阶段与营业阶段的业务在时间上是能够分清的。但是，在实际工作中，这些业务往往混在一起。这主要是因为，实际工作中，会计人员的上岗与企业筹建不能同步。特别是，等到企业筹建到一定阶段，管理人员才聘请会计专业人员进行会计核算活动，才想到把有关的原始凭证转到会计人员手里，要求建账。

由于企业筹建一般要经过投资（通过中介机构验资）、取得资质（取得监管部门批准营业许可证书，如图书经销公司要取得图书发行许可证、饭店要取得卫生许可证书等）、申请营业执照（到工商行政管理部门办理）、申请组织机构代码（到技术监督局申请组织机构代码）、取得登记证（到国税局或地税局办理）、银行开户等诸步骤，企业会计人员基本上也是围绕上述活动建账和进行会计核算。对于新建企业建账，主要有两个步骤。

第一，购买账簿并建账。目前，一些地方实行账簿监管，在这种情况下，企业要到指定企业购买账簿，并登记备案。对于企业建账，应分会计电算化建账和手工建账两种情况。

• 会计电算化建账。与手工建账不同。在实际工作中，应该在熟悉原始凭证后，先建账（包括所建总账和明细账）后编制记账凭证。否则，会计人员无法在菜单（计算机给出的记账凭证）里填制会计科目（尤其是明细科目）。

• 手工建账。手工建账时，企业应先根据审核无误的原始凭证填制记账凭证，然后根据记账凭证涉及的会计科目在总账账簿中开设账户。由于在企业筹建阶段没有营业活动，或甚少发生业务收入。因此，企业应将发生的不形成财产价值的费用、支出，计入“长期待摊费用”账户，不开设“管理费用”、“财务费用”等期间费用账户。其他总账账户，可根据经济业务发生情况预设账户，留足一定数量的总账账页。同时，根据记账凭证涉及的明细账户，在活页账账簿里，分具体情况，开设明细账户。由于明细账账簿是活页的，可以随时抽换，所以，开设明细账时，应根据实际发

生经济业务在明细账账簿里开设。

第二，审核原始凭证，并按其发生时间的先后顺序整理。企业取得或填制的原始凭证经过企业负责人和相关领导审核无误后，全部转到财会部门。会计人员应将这些原始凭证按取得或填制时间整理排队，根据企业业务量大小，选择记账凭证。业务量大的企业，根据原始凭证按定向经济业务分类，分别按收款凭证、付款凭证和转账凭证编制记账凭证；业务量少的企业，可以不分经济业务类型，只编制记账凭证即可。

（2）企业转为（发生）正常业务活动时的建账。

企业办齐有关证件，才能发生经营收入（或事业收入）。企业有了正常经营收入后的当月，按照会计制度，企业应将“长期待摊费用”账户归集的费用一次转入“管理费用”账户。同时，企业应建立“财务费用”账户和“销售费用”账户。当然，企业是否将“管理费用”账户、“财务费用”账户和“销售费用”账户都全部建齐，应根据企业性质、发生经济业务情况而定。

（3）编制财务会计报告。

企业有了营业活动后，不论是否盈利，都要按月编制财务会计报告，进行纳税申报。因此，月末，会计人员应根据会计凭证编制试算平衡表，验证账户发生额及余额是否平衡。在此基础上，编制财务会计报告．进行正常的会计核算活动。

9.2　老施工企业的建账

（1）新年度的账簿更换。

每到一个新的年度，企业就要更换账簿，下面以小陈的经历为例子，且看看他是如何更换账簿的，哪些地方是你曾经也犯过的错误呢。

小陈年初应聘到一家新公司去上班，财务主管让他在新年度建账，作为考核他的一项内容。小陈先熟悉了以前的账目，看都有些什么科目，然后小陈更换了账簿并且照着原来的账簿列了份清单。

小陈这样更换账簿是不正确的。

原有单位在新年度建账时，现金日记账、银行存款日记账、总分类账及明细分类账都是要每年更换新账，但是固定资产明细账或固定资产卡片可以继续使用，不必每年更换新账。

为了清晰地反映各个会计年度的财务状况和经营成果，每个会计年度开始时，一般都要启用新账，并把上年度的会计账簿归档保管。

年终结账后，有期末余额的账户，应将其余额结转至下年度新账簿的相应账户中去。结转时，将账户的余额直接计入新账簿中相对应的账户余额栏内，不需要编制记账凭证，也不必将余额再计入本年账户的借方或贷方，使本年度该账户的余额为零。

下年度新开账户的第一行，填写的日期是 1 月 1 日，“摘要”栏注明“上年结转”字样，同时，将上年结转余额记入“余额”栏，并标明余额方向。上年度该账户的借方余额，转至本年度新账内仍为借方余额，上年度该账户的贷方余额，转至本年度新账内仍为贷方余额。其格式如表 2－1所示。

表 2－1 **总分类账**

账户名称：产成品

20××年		凭证		摘　　要	借方	贷方	借或贷	余额
月	日	字	号					
1	1			上年结转			借	700 000

9.3 老施工企业建账程序不清楚

如果对建账的程序不清楚的话，就容易发生差错。在建账之前，首先要弄清楚企业建账的目的。老施工企业建账的目的是税务需要和管理需要。

① 税务需要。

典型的莫过于为了申请增值税一般纳税人资格而建账。税务要求其建立规范的会计核算，要能准确核算进、销项税额，及时作纳税申报。对于因税务需要而建账的，尽量按税法的规定处理账务，这样在年度所得税纳税申报时就可省去纳税调整的麻烦。如固定资产的入账标准、计提折旧的范围、固定资产的残值比例、折旧年限以及开办费的摊销、收入的确认等。这就要求财务人员，不仅要了解大税法（全国性的），还要了解小税法（本地的一些具体规定），要了解当地的计税工资标准、通信费标准、印花税的征收管理办法、差旅费是否有规定标准等。如印花税，有的地方按合同征收，有的地方则是核定征收，按账面销售或购进货物的比例核定征收；再如对计税工资人员，有的地方要求必须是缴纳“三金”或“四金”且签有劳务合同的，有的地方则不作要求。

② 管理需要。管理需要又可分为两种：

• 企业规模扩大，因账务核算不规范造成了账外损失，如因未及时准确核算应付账款而多付客户款项，亡羊补牢，需要建账。

• 股东多，为了明晰生产经营情况，需要建立较规范的账务。

建此类账需要注意的是，账务处理要在遵循《会计法》相关规定的基础上结合企业实际情况，活学活用。

在弄清楚企业建账的目的之后，紧接着要做的就是取得有关资料。这些资料主要有企业章程、企业法人营业执照、国地税税务登记证、验资报告等。

在这些资料中要特别注意的是验资报告，其用处主要在于一是能够反映股东的出资方式，是货币或是实物等；其主要目的又是为了确定股东的出资方式，不能确定股东的出资方式是无法建账的。如果注册资本发生变动的，应取得历次的验资报告。若是以实物出资，还要找到当时的评估报告。二是能佐证企业的注册资本金额，以便确定账务中实收资本金额。

在取得了相应的材料后，就要按表项目核实资产负债额，其中易犯错的有以下几点：

①取得企业法人营业执照和验资报告，确定实收资本金额；

②盘点现金及单据，注意需要换发票的白条也应考虑进去，确定现金金额；

③盘点原材料、库存商品等，确定存货金额；

④盘点固定资产，确定固定资产金额；

⑤取得银行存款对账单，并核实未达账项，确定银行存款金额；

⑥编制应收、应付、其他应收、其他应付等往来款项表，注意最好让往来单位盖章或签字确认，确定往来款项金额；检查有无长短期借款、应付职工薪酬、应交税费等项目；

⑦根据结果编制出资产负债表，并据此做第一号凭证；

⑧计算未分配利润金额；

⑨启用账簿，将第一号凭证内容登记入账。在账簿日期栏填写登记入账的日期，摘要栏可写“盘点建账”。

在核实过程中，又有一些是需要特别说明及注意的：

• 因时间紧等原因若后期发现有关数据未盘点准确，应在发现的当期编制凭证，调整相关项目及未分配利润金额。

• 这种情况下最好只编制一张资产负债表，因其建立在盘点基础上，

数据比较准确；但若编制利润表有一定的难度，数据也不易做准确。

•若盘点时间和建账时间不一致，如8月份准备建账，盘点时间只能为8月，但却要求从6月份的经济业务、资产负债情况开始建账，这时就要注意全面搜集所发生业务的相关资料，根据资料倒推出6月份的资产负债情况。

在核实的过程中，会有一些没有发票的资产要入账，应怎么做呢？

因为是在企业生产经营过程中建账，其存货及固定资产多数情况下可能没有发票。可以根据实际盘点后编制的盘点表入账。但在以后期间由于这些存货形成的主营业务成本、固定资产折旧形成的成本费用等税务部门多不认可，在所得税汇算清缴时应作纳税调整。如果固定资产是初始时由股东投入的，找到当时的评估报告也可算是一个佐证，可同税务有效沟通，在所得税汇算清缴时不作纳税调整。

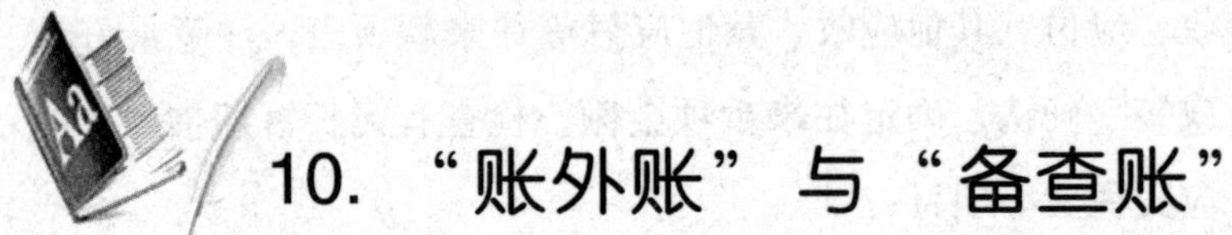

10. “账外账”与“备查账”

10.1 账外账

“账外账”，是指没有在依法设置的会计账簿上对经济业务事项进行统一登记核算，而另外私自设置会计账簿进行登记核算的行为。这种私设会计账簿的行为，一般称为“两套账”。一套账记录反映部分收入或者抵销特定成本费用后的收入，提供给税务局、稽查局等部门查账时用，也成为

“大账”。另一套账补充登记没有归集的一些收入，或者以其他项目分解一些费用，用来详细记录纳税人“大账”以外的收支情况，也成为“小账”。

“账外账”的具体表现形式不尽相同，主要有以下几种：

① 账外资产账，即“小仓库”账；

② 账外现金账和银行存款账，即“小金库”账；

③ 账外成本、权益、利润账等。

从“账外账”的目的来看，一是一些违纪行为，为逃避各种监督巧施手段在账外作祟；二是为了隐匿截留资金于法定的会计账册之外，形成单位的“小钱柜”。

从“账外账”的资金来源渠道、性质、处置情况看，其表现形态错综复杂。无论资金来源，还是资金走向，均表现出多向渗透、混合交叉，违规与合规并存的形态。而之所以会出现账外账，皆因在以下几个方面发生了差错：

①财务人员素质偏低。财务人员素质低，既未受过财务专业系统培训又无会计证，财务知识匮乏，又无人监管，只要往来账目清楚，个人不贪污不挪用，至于收支是否合法心中无数，是“账外账”产生的一个重要原因。

②单位负责人及会计人员法制观念淡薄，并受利益驱动。为提高单位职工的福利待遇，人为地使部分收入流出账外，作为补充职工福利的来源。有些人认为，账外账是在单位的控制之下，只要有账可查、大家知道、不落个人腰包就不算违法。

③管理不规范。在企业生产经营管理活动中，往往只重视日常生产管理，缺乏对经营业务的管理，为私设“账外账”提供了条件。

④外部监督管理不力，执法部门的监督检查工作还存在走过场现象。像隐瞒收入、私设账外账等问题往往需要通过延伸到其所属相关部门及

二、三级单位，需要花费大量的时间精力才能弄清楚。同时，有些部门执法不严，对查明的账外账问题，也就对单位罚款了事，而不去分析账外账的性质、进而依照《会计法》等相关法规对单位负责人、会计人员作出相应处理、处罚。

针对这些情况，我们首先要从制度上完善施工企业的财务管理制度，严格财务监督机制。企业各项开支要做到公开、透明，并定期审计、定期向职代会报告制度。同时，坚决杜绝“小金库”，从源头上堵塞企业资金流失的渠道。另外，还要加强对管理者和财务人员的财经纪律和法规教育，强化法制意识，使他们认识到私设“账外账”的危害性和铲除“账外账”的必要性；结合实例进行警示教育，做到警钟长鸣，把整治“账外账”作为反腐倡廉、端正党风和社会风气的大事常抓不懈；通过举办培训班等形式，加大对管理者和财务管理人员财务知识、职业道德和有关财经纪律、法律意识的教育培训力度，提高他们的业务水平和职业素质，增强遵纪守法的自觉性。

10.2 备查账

备查账是一种辅助账簿，是对某些在日记账和分类账中未能记载的会计事项进行补充登记的账簿。各企业、单位可以根据实际需要来设置这类账簿。然而在实际工作中，重视分类账、忽视备查账，重视金额记载、忽视事由及相关记载等现象较为普遍。建立备查账时，以下内容是容易发生错误的点：

① 备查账的外表形式一般采用活页式。为使用方便备查账一般采用活页式账簿。与明细账一样，为保证账簿的安全、完整，使用时应顺序编号并装订成册，注意妥善保管，以防账页丢失。

② 备查账的格式由企业自行确定。备查账没有固定的格式，与其他账

簿之间也不存在严密的勾稽关系，其格式可由企业根据内部管理的需要自行确定。

③ 备查账应根据统一会计制度的规定和企业管理的需要设置。并不是每个企业都要设置备查账簿，而应根据管理的需要来决定，但是对于会计制度规定必须设置备查簿的科目，如“应收票据”、“应付票据”等，必须按照会计制度的规定设置备查账簿。

下面就以建立“应收/应付票据备查簿”为例来说明备查账的建账方法：

企业设置“应收票据备查簿”时，应该逐笔登记每一张应收票据的种类、号数和出票日期、票面金额、交易合同号和付款人、承兑人、背书人的姓名或单位名称、到期日期和利率、贴现日期、贴现率和贴现净额以及收款日期和收回金额等资料，应收票据到期结清票款后，应在备查簿内逐笔注销。

企业设置“应付票据备查簿”时，应该详细登记每一张应付票据的种类、号数、签发日期、到期日、票面金额、合同交易号、收款人姓名或单位名称以及付款日期和金额等详细资料。应付票据到期付清时，应在备查簿内逐笔注销。

11. 会计账簿的注意事项

11.1 会计账簿的装订

各种会计账簿年度结账后，除跨年使用的账簿外，其他账簿应按时整

理立卷。对账簿装订的基本要求烂熟于心，才能避免发生错误。

（1）按会计账簿封面、账簿启用表、账户目录、该账簿按页数顺序排列的账页、会计账簿装订封底的顺序装订。

（2）按账簿启用表的使用页数核对各个账户是否相符，账页数是否齐全，序号排列是否连续。

（3）账簿装订后的其他要求。

第一，会计账簿应牢固、平整，不得有折角、缺角、错页、掉页、加空白纸的现象。

第二，会计账簿的封口要严密，封口处要加盖有关印章。

第三，封面应齐全、平整，并注明所属年度及账簿名称、编号，编号为一年一编，编号顺序为总账、现金日记账、银行存（借）款日记账、分户明细账。

第四，会计账簿按保管期限分别编制卷号，如现金日记账全年按顺序编制卷号；总账、各类明细账、辅助账全年按顺序编制卷号。

（4）活页账簿装订要求。

第一，多栏式活页账、三栏式活页账、数量金额式活页账等不得混装，应按同类业务、同类账页装订在一起。

第二，保留已使用过的账页，将账页数填写齐全，去除空白页撤掉账夹，用质量好的牛皮纸做封面、封底，装订成册。

第三，在本账的封面上填写好账目的种类，编好卷号，由会计主管人员和装订人（经办人）签章。

（5）财务报表的装订。

财务报表编制完成及时报送后，留存的报表按月装订成册谨防丢失。同时企业也可根据自身的情况按月装订成册。

第一，财务报表的装订顺序为：财务报表封面、财务报表编制说明、各种财务报表按财务报表的编号顺序排列、财务报表的封底。

第二，财务报表装订前要按编报目录核对是否齐全，整理报表页数，上边和左边对齐压平，防止折角，如有损坏的部位，修补后完整无缺地装订。

第三，按保管期限编制卷号。

11.2 会计账簿的使用

会计账簿是指以会计凭证为依据，由有一定格式并相互联系的账页组成的，对企业全部的经济业务进行全面分类、系统序时登记和反映的簿籍，是会计资料的主要载体之一，也是会计资料的重要组成部分，依法设置、使用会计账簿，是企业进行会计核算的最基本的要求。

登记会计账簿的基本要求如下，这几点也是会计人员常发生错误的地方。

（1）文字和数字必须整洁清晰，准确无误。

在登记书写时，不要滥造简化字，不得使用同音异义字，不得写怪字体；摘要文字紧靠左线；数字要写在金额栏内，不得越格错位、参差不齐；文字、数字字体大小适中，紧靠下线书写，上面要留有适当空距，一般应占格宽的1/2，以备按规定的方法改错。记录金额时，如为没有角、分的整数，应分别在角、分栏内写上“0”，不得省略不写，或以“—”号代替。阿拉伯数字一般可自左向右适当倾斜，以使账簿记录整齐、清晰。为防止字迹模糊，墨迹未干时不要翻动账页；夏天记账时，可在手臂下垫一块软质布或纸板等书写，以防汗浸。

（2）准确完整。

登记会计账簿时，应当将会计凭证日期、编号、业务内容摘要、金额和其他有关资料逐项记入账内，做到数字准确、摘要清楚、登记及时、字

迹工整。每一项会计事项，一方面要记入有关的总账，另一方面要记入该总账所属的明细账。账簿记录中的日期，应该填写记账凭证上的日期；以自制的原始凭证，如收料单、领料单等作为记账依据的，账簿记录中的日期应按有关自制凭证上的日期填列。

登记账簿要及时，但对各种账簿的登记间隔应该多长，《会计基础工作规范》未作统一规定。一般说来，这要看本单位所采用的具体会计核算形式而定。

(3) 顺序连续登记。

各种账簿按页次顺序连续登记，不得跳行、隔页，更不得随便更换账页和撤出账页，作废的账页也要留在账簿中。如果发生跳行、隔页，应当将空行、空页划线注销，或者注明“此行空白”、“此页空白”字样，并由记账人员签名或者盖章。这对堵塞在账簿登记中可能出现的漏洞，是十分必要的防范措施。

(4) 注明记账符号。

登记完毕后，要在记账凭证上签名或者盖章，并注明已经登账的符号，表示已经记账。在记账凭证上设有专门的栏目供注明记账符号，以免发生重记或漏记。

(5) 正常记账使用蓝黑墨水。

登记账簿要用蓝黑墨水或者碳素墨水书写，不得使用圆珠笔（银行的复写账簿除外）或者铅笔书写。在会计的记账书写中，数字的颜色是重要的语素之一，它同数字和文字一起传达出会计信息。如同数字和文字错误会表达错误的信息，书写墨水的颜色用错了，其导致的概念混乱也不亚于数字和文字错误。

(6) 特殊记账使用红墨水。

下列情况，可以用红色墨水记账：

①按照红字冲账的记账凭证，冲销错误记录；

②在不设借贷等栏的多栏式账页中，登记减少数；

③在三栏式账户的余额栏前，如未印明余额方向的，在余额栏内登记负数余额；

④根据国家统一会计制度的规定可以用红字登记的其他会计记录。

在这几种情况下使用红色墨水记账是会计工作中的惯例。财政部会计司编辑的《会计制度补充规定及问题解答（第一辑）》，在解答“应交税费——应交增值税”明细账户的设置方法时，对使用红色墨水登记的情况作了一系列较为详尽的说明：在“进项税额”专栏中用红字登记退回所购货物应冲销的进项税额；在“已交税金”专栏中用红字登记退回多交的增值税额；在“销项税额”专栏中用红字登记退回销售货物应冲销的销项税额，以及在“出口退税”专栏中用红字登记出口货物办理退税后发生退货或者退关而补交已退的税款。

（7）登记发生错误时，必须按规定方法更正，严禁刮、擦、挖、补，或使用化学药物清除字迹。发现差错必须根据差错的具体情况采用划线更正、红字更正、补充登记等方法更正。

（8）结出余额。

凡需要结出余额的账户，结出余额后，应当在“借”或“贷”等栏内写明“借”或者“贷”等字样。没有余额的账户，应当在“借”或“贷”等栏内写“平”字，并在余额栏内用“0”表示。现金日记账和银行存款日记账必须逐日结出余额。一般说来，对于没有余额的账户，在余额栏内标注的“0”应当放在“元”位。

（9）过次承前。

每一账页登记完毕结转下页时，应当结出本页合计数及余额，写在本页最后一行和下页第一行有关栏内，并在摘要栏内注明“过次页”和“承

前页”字样；也可以将本页合计数及金额只写在下页第一行有关栏内，并在摘要栏内注明“承前页”字样。也就是说，“过次页”和“承前页”的方法有两种：一是在本页最后一行内结出发生额合计数及余额，然后过次页并在次页第一行承前页；二是只在次页第一行承前页写出发生额合计数及余额，不在上页最后一行结出发生额合计数及余额后过次页。

（10）定期打印。

《会计基础工作规范》第六十一条对实行会计电算化的单位提出了打印上的要求：“实行会计电算化的单位，总账和明细账应当定期打印”；“发生收款和付款业务的，在输入收款凭证和付款凭证的当天必须打印出现金日记账和银行存款日记账，并与库存现金核对无误。”这是因为在以机器或其他磁性介质储存的状态下，各种资料或数据的直观性不强，而且信息处理的过程不明，不便于进行某些会计操作和进行内部或外部审计，对会计信息的安全和完整也不利。

11.3　会计账簿的保管

（1）账簿的保管。

各种账簿是重要的经济档案，必须按规定妥善保管，不得丢失和任意销毁。否则，原有债权、债务无法理清；重要的经济资料和经济信息将丧失，经济责任将无法明确，故妥善保管账簿意义重大。账簿的保管，既要安全、完善、机密，又要保证使用时能及时迅速查到。年度终了时更换新账后，旧账页应清点整理，所有活页归档保管。账簿归档保管要做到“五防”，防火、防盗、防潮、防霉烂变质、防虫蛀鼠咬。存档后的会计账簿，调阅时必须提出理由，经会计主管人员批准，在保管员陪同下方可查阅，原则上不得借出。

账簿的保管期限如下：

①总账和明细分类账保管15年。

②现金和银行存款日记账保管25年。

③涉外账簿应长期保存。

账簿保管期限满，需要销毁时，由档案保管部门提出销毁意见，会同财务部门共同鉴定，编造销毁清册，报本单位领导或上级批准方可销毁。销毁时，应由档案保管部门、财务部门和有关部门共同监销。

（2）电算化会计档案的保管。

电算化会计档案主要包括两个方面的内容：由计算机打印输出的各种书面形式的会计凭证、会计账簿、财务报表及其他会计资料；以磁盘、光盘、微缩胶片等磁性介质储存的会计数据；会计电算化系统开发和使用的全套文档资料及软件程序。

对于电算化会计档案的保管，各单位应建立以下安全与保密措施：

①采用磁性介质存储的会计档案，要定期进行检查，定期进行复制，防止由于磁性介质损坏而使会计档案丢失。

②各种会计资料包括打印出来的会计资料以及存储会计资料的软盘、光盘、微缩胶片等，未经单位负责人同意，不得外借和拿出单位。

③对电算化会计档案管理要做到防磁、防火、防潮、防尘等工作。

④借阅会计资料应履行相应的借阅手续，经手人必须签字记录。存放在磁性介质上的会计资料借阅归还时，还应认真检查，防止感染病毒。

⑤严格执行安全和保密制度，不得随意堆放会计档案，严防销毁、散失和泄密。

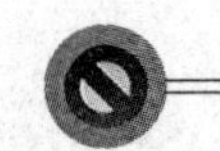

第3章 货币资金核算易错点

本章主要内容

12. 库存现金的核算

13. 银行存款的核算

14. 外埠存款的核算

12. 库存现金的核算

12.1 利用非常手段挪用、贪污企业现金

在企业中，常常有人会为了达到一己私欲而挪用，贪污企业现金，这也是会计人员易出现的错误。

(1) 挪用现金。

挪用现金是有关当事人利用职务之便或未经单位领导批准在一定时间内将公款私用的一种舞弊行为。挪用现金比贪污现金在性质上轻微些，因为挪用现金后，当事人未涂改、伪造会计凭证，未进行虚假的账务处理。挪用现金舞弊的形式有很多种，其主要手法有以下几种。

①利用借款挪用现金。

企业在日常的生产经营过程中，常常会发生一些零星的现金支付，比如职工预借差旅费、采购员预借采购款等。在这些业务中，如果企业确实发生了相关的业务，会计处理上不会有什么相关的错弊发生。但是，在有的情况下，企业的主管人员却可以利用合理借款的借口，来达到挪用现金的目的。例如，某企业主管人员利用借款的形式为单位职工签批借条一张，职工借款后并未利用借款实现借条上的业务，而是将其挪作私人之用。

②利用循环入账，挪用现金。

企业以营利为目的，在经营过程中难免会遇到一些常见的往来信誉客户。往来客户往往分期分次付款。某些财务人员可利用这种循环业务关系达到挪用现金之目的。企业在营销过程中，出于商业上的目的，往往利用商业信用销售商品或提供劳务。当企业广泛利用商业信用开展业务时，就为企业会计人员或出纳人员挪用现金打开了方便之门，采用循环入账的手法挪用现金。企业会计人员或出纳人员可在一笔应收账款收到现金后，暂不入账，而将现金挪作他用；待下一笔应收账款收现后，用下一笔应收账款收取的现金抵补上一笔应收账款，会计人员或出纳人员继续挪用第二笔应收账款收取的现金；等第三笔应收账款收现后，再用第三笔应收账款收取的现金抵补第二笔应收账款。如此循环入账，永无止境。

如某企业销售一批货物价值33 000元，3个月付讫。当财务人员收到第一次货款时不下账，等收到第二次货款时用第二次收的现金抵补上一次收到的现金，第三次收到货款时，抵补第二次货款入账。等付款期限到时，财务人员再把挪用现金补齐以掩人耳目。

③利用现金日记账挪用现金。

一般地讲，当库存现金与现金日记账余额和现金总账余额相符时，现金不会出现问题。但是，因为总账登记往往是一个星期或一日登记一次，当登完总账，并进行账账和账实核对后，就可利用尚未到下一次登记总账之机，采用少加现金收入日记账合计数或多加现金支出日记账合计数的手段，来达到挪用现金的目的。

④利用延迟入账挪用现金。

按照会计制度的规定，企业收入的现金应及时入账，并及时送存银行，如果收入的现金未制证或虽已制证但未及时登账，就给出纳员提供了挪用现金的机会。如收入的现金未制记账凭证或未下账，财务人员便有机可乘。再如某电子公司出纳小傅将收到的现金作记账凭证，但由于手头最近有些紧张，挪用了600元，把记账凭证挪到下月记账。

⑤利用白条抵库挪用现金。

根据现金管理的有关规定，企业不允许用不符合财务制度的白条顶替库存现金。但部分企业人员利用职务上的便利开出白条抵充现金，利用白条借出的现金为自己或他人牟取私利。如M公司执行经理买房时筹不到巨额现金，便打白条不注明事由。由于公司领导说了算的惯例，财务人员无权过问，从而使公司的巨额现金被挪用。

（2）贪污现金。

贪污，指侵吞公有财产。贪污现金已成为当今社会最为严重的社会弊病之一。企业贪污现金的手法多种多样，主要有以下几种。

①换用“库存现金”和“银行存款”科目。

根据规定，对于超过1 000元的收支业务，应通过银行转账的方式进行结算。在实际工作中，存在着超出此限额几倍、几十倍的现金收支业务，这为企业会计人员贪污现金创造了极好的条件。会计人员可以将收到的现金收入不入现金账，而是虚列银行存款账，从而侵吞现金。也可将实际用现金支付的业务，记入“银行存款”科目，从而将该部门现金占为己有。

②虚报坏账，贪污货款。

由于市场经济的极大的不确定性，企业的应收账款很可能最终不能够全部收回，即可能发生部分或者全部的坏账。所谓坏账，是指不能够收回的应收账款。一般认为，如果债务人死亡或者破产，以其剩余财产、遗产抵偿后仍然不能够收回的部分、欠账时间超过3年的应收账款都可以确认为坏账。

公司业务员通常利用坏账来贪污可以收回的货款，即对尚能收回的货款作为坏账转销，然后到对方要回全部或部分货款，将其据为己有。

如，某一建材公司销售建材于某建筑公司，后因建筑公司直接联系人已离公司，其他人员都不过问此事，对于多年的应收未收回款项，会计上作坏账处理。但因建材公司业务员得知建筑公司按规定还应继续偿还以前债务，于是到建筑公司索要原欠少额货款6 000元并据为己有。

③利用吃空饷，涂改或虚报工资表。

主管人员向上级虚报人数，非法占有虚报名额的薪饷等。这也叫吃空饷。如一个单位只有50个人，但向上要工资时却要55人的工资。虚报出的5人的工资便是空饷。一般这笔钱会被单位领导贪污。这种行为就叫吃空饷。

④少列现金收入或多列现金支出。

即出纳员或收款员故意将现金日记账收入或支出的合计数加错，少列收入或多列支出，从而导致企业现金日记账账面余额减少，从而将多余的库存现金占为己有。

⑤收入不入账。

指会计人员通过撕毁票据或在收入现金时不开具收据或发票，也不报账或记账。这样一来，收入就可以流入自己的腰包。

⑥头尾不一致。

经办人员在复写纸的下面放置废纸，利用假复写的方法，使现金存根的金额与实际支出或收入的金额不一致，从而少计收入，多计支出，以贪污现金。

⑦销售过程欺上瞒下。

很多企业工作人员在通过在销售过程中缺斤少两、抬高价格等手段进行贪污。如A单位向B单位销售20台电脑，共100 000元。直接销售人员却背着单位向对方要价120 000元，差额20 000元进入自己腰包。

⑧侵吞未入账借款。

指会计人员与其他业务人员利用承办借款（现金）事项的便利条件和内部控制制度上的漏洞，对借入的款项不入账并销毁借据存根，从而侵吞现金。

12.2　现金溢余与短缺

小刘是企业的会计，看看他对于现金溢余与短缺是如何处理的呢?

每天下班前，小刘都对库存现金进行盘点，然后与现金日记账进行核对。基本每天都能核对上。但有一天，却发现库存现金长款50元。作分录如下：

借：库存现金　50

　　贷：待处理财产损溢——待处理流动资产损溢　50

未查明原因，经批准可以转销。小刘用50元冲销了管理费用，作分录如下：

借：待处理财产损溢——待处理流动资产损溢　50

　　贷：管理费用　50

月底，小刘发现库存现金比日记账上的现金少300元。于是作分录如下：

借：待处理财产损溢——待处理流动资产损溢　300

　　贷：库存现金　300

经反复核查，100元为销售部小陈疏忽所致，少收了一流动客户的货款。另外200元未找到原因。经批准后小刘转入了营业外支出，于是作了如下分录：

借：其他应收款——销售部小陈　　100

营业外支出——现金短缺　　200

贷：待处理财产损溢——待处理流动资产损溢　　300

小刘的上述做法对不对呢？

小刘的做法显然混淆了“营业外收入/支出”和“管理费用”的应用。

为了及时发现或防止现金收付差错事故和不法行为的发生，企业应定期或不定期对库存现金清查盘点，如发现长短款事项，应及时找出原因，并作出处理。在未查明原因前，应记入“待处理财产损溢——待处理流动资产损溢”，等查明原因后再记入相关科目。对于由于个人过失而发生的现金短款，记入“其他应收款”，对于应当支付给相关单位或个人的库存现金长款，记入“其他应付款”；对于无法查明原因的库存现金短款经批准后要记入“管理费用”，不能记入“营业外支出”，无法查明原因的现金溢余，经批准后记入“营业外收入”，不能冲减“管理费用”。

13. 银行存款的核算

会计人员要对银行存款账户的一些注意点要格外的留心，才能避免发生错误。

（1）银行存款账户的注意事项。

①根据日期和凭证号数栏的记载，查证是否以记账凭证为依据逐笔序

时登记收支业务并逐笔结出余额，有无前后日期和凭证编号前后顺序颠倒的情况。

②根据结存余额栏的记载，查证是否有异常的红字余额。如出现红字余额，可能是由于不同银行账号的业务记录出现“串户”，或是收支业务记录的先后顺序颠倒，或是开具空头支票等所致。

③根据摘要栏、金额栏和对方科目栏的记载，判断经济业务的会计处理、会计科目的使用是否适当。

（2）其他货币资金账户的注意事项。

①开立各种专户存款要经过适当的审批程序，其数额也有一个合理的核定数。在实际工作中，开立各种专户存款要手续完备，在核定的数额内使用。

②在途货币资金发生后要及时入账，收到在途货币资金后要及时注销，不应长期挂账不注销。尽量缩短“其他货币资金——外埠存款”的占用时间，避免长期挂账。

③该账户容易和银行存款账户混用。其他货币资金核算的内容包括：外埠存款、银行汇票存款、银行本票存款、信用证保证金存款、信用卡存款和存出投资款六项，除此之外的其他存款都在银行存款账户反映。

在办理银行存款业务时，要严格按照规章制度办事，否则将会发生不必要的纰漏，下面简述几个易出错的点。

①分工不细，未将本来不相容的职务分离。

如由一个人独揽发票、汇票等结算凭证的保管、签发；在银行预留印鉴的保存，银行存款收付业务的记账、核对等工作。

②缺乏凭证审核制度。

对于银行存款的收付款凭证，包括原始凭证和记账凭证，都必须经过审核、批准和复核或承付，才能办理收付款业务。实际工作中，有些单位制度观念淡薄，或认为会计人手少，而缺乏对银行存款收付凭证进行审核。

③企业与银行对账不及时，不经常。

不少企业存在着与银行对账不及时、不经常甚至长期不对账的问题，以致造成银行存款日记账与银行对账单长期不符。如开户银行或银行对某笔银行存款收入或支出业务记反方向，记错金额，造成银行日记账与银行对账单不符的问题，由于对账不及时、不经常或根本不对账，而被长期隐藏。

④缺乏银行存款的账目核对。

如银行存款日记账与总账之间及其各自与会计凭证、其他有关账户之间等缺乏定期的、经常的核对，以致造成账账、账证等长期不符。

14. 外埠存款的核算

外埠存款是企业到外地进行临时或零星采购时，汇往外地银行开设采购专户的款项。汇出款项时，须填列汇款委托书，加盖“采购资金”字样。除采购员差旅费可以支取少量现金外，一律转账，该采购专户只付不收。

企业将款项委托当地银行汇往采购地开立专户时，借记本科目，贷记“银行存款”科目。收到采购员交来供应单位发票账单等报销凭证时，借记“材料采购”或“原材料”、“库存商品”、“应交税费——应交增值税（进项税额）”等科目，贷记本科目。将多余的外埠存款转回当地银行时，根据银行的收账通知，借记“银行存款”科目，贷记本科目。

由于空间和时间的限制，企业对外埠存款的管理受到了影响，因此必须做好以下工作。

（1）加强账户管理。

首先应该对外埠账户的设立进行审批，重点审查账户设立的必要性、可规范性。只有那些业务活动时间较长，发生资金收支较频繁的经营活动才能够开设账户。另外，企业的财会部门要监控外埠存款账户的使用情况，及时准确地进行账务处理与会计核算。

（2）建立岗位、人员责任制。

外埠存款的使用不能完全由单个部门或个人控制，企业必须指定外埠存款的使用者和账户管理者，必要情况下，财会部门可以和账户管理者签订责任书，明确各自的职责、使用存款的权限、使用范围等要素。同时，财会部门应该设专门的会计人员核算外埠存款业务；外埠存款使用的授权审批、实际支付、会计记录工作要进行职务分离。

企业利用外埠存款以非法套取现金的方法有以下两种：

①外埠存款非理、非法支出，主要表现为将外埠存款挪用进行股票投资、债券投资等交易活动。

②非法设立外埠存款账户，主要表现为：捏造申请书，骗取银行信用，在异地开设采购户，进行非法交易。在异地会同异地合伙单位设立存款账户，将企业存款汇往异地作为外埠存款。

因此，必须加强对外埠存款的审查。审阅外埠存款明细账，将其与有关记账凭证及原始凭证进行核对，并检查开立外埠存款的手续是否符合有关制度规定。索取材料采购或在途材料及有关原始单据，检查外埠存款是否确为企业到外地进行临时或零星采购而汇往采购地开立的采购专户款项。审阅银行存款、外埠存款、材料采购或在途材料等账簿资料，检查有关外埠存款的会计处理是否正确。

第4章　原材料核算易错点

本章主要内容

15. 原材料入库

16. 原材料退货

17. 原材料成本核算

15. 原材料入库

月末，某公司刚进了一批原材料，但货到了发票还没有到，只能暂估入账。但入账时的金额按照什么核算呢，是含税价格还是不含税价格？依据是什么？下月发票如果还没有全部收回，应怎样冲销估价？是否发票收回多少才冲减多少，还是全部一次冲减，没有收回发票部分再次估价？

原材料暂估入库应该根据入库单登记入账。其入库单据的填写没有特别要求，直接按单据上的项目填明购入单位、数量、单价及金额即可，只是在会计核算上需要注意以下事项：如果预定该批货物可取得增值税专用发票，那么入账时，要按预定付款总额进行价税分离，即这时计入原材料的金额是不含增值税的价款；如果预定这批货物只能取得普通发票，则直接按入库单据上的金额暂估入账即可。在财务处理上根据入库单可以入账，但没有发票在税法上不允许计入成本。下月冲回时，可以作相反分录或作红字分录。如果下月发票仍然没到，继续估价和冲回；如果下月只收到了部分发票，则全部一次冲减，没有收回发票的部分再次估价即可。

原材料是存货的一种。存货主要包括以下物品：

①在盘存日期不论其存放地点，法定所有权属于企业的物品。

②为进行正常生产经营活动而储存的物品。

③商品尚未出售的部分就叫做存货，它包括：原材料、燃料、包装物、低值易耗品、在产品、半成品、产成品、商品等。它可分为三大类：

• 供销售用的产品，但尚未成为一个完整的产品（在产品）。

• 在一般营业过程中，为提供销售所持有的资产（商品、产品）。

• 生产时，直接或间接消费的资产（原料、消耗品）。

存货的核算中，最易犯错的点也是最主要和最核心的问题，一是存货的确认问题；二是计价问题。确认问题涉及何时将存货记录在本公司的账面上。一般的标准是存货所有权的转移，即凡是所有权转入本公司，不论存在何处，都属于本公司的存货。资产负债表上的存货项目反映的是公司当前所拥有或控制的存货数量。存货的计价很有讲究。首先是收入存货的成本；其次是发出存货的成本与期末存货的成本。

（1）收入存货的计价。

存货在取得时，应按实际成本入账。收入存货的方式很多，常见的有自制和外购两种。

①外购存货的入账价值。

外购存货的入账价值一般包括购货价格、附带成本和税金等。购货价格在这里被定义为已扣除商业折扣但包括现金折扣的存货价格。

附带成本是企业购入存货在入库以前所需要支付的各种费用，其中一部分是外购存货入库以前发生的除价格之外的费用；另一部分是存货入库后至发出前发生的储存保管费用。具体包括包装费、运杂费、运输及存储过程中的保险费等。这些附带成本在理论上均应构成存货的成本，但在会计实务中缺乏可操作性。一般情况下，为了简化核算手续，将存货的后一部分附带成本，即储存保管费用列作期间费用处理，不计入存货成本；而前一部分附带成本，在不同行业的企业中，具体做法不尽相同，商品流通企业为了提供商品的进货原价，将购入商品的这些附带费用作为销售费用，列作期间费用处理，其他企业则一般直接计入相关采购成本，作为存货成本的组成内容。

税金主要指商品交易中的流转税。按照是否包括在价格内来分，一种是价内税，即价格内包含的流转税，如消费税、资源税、城市维护建设税等，它们构成存货的成本；另一种是价外税，如增值税等，应单独进行核算。对小规模纳税企业而言，增值税应计入采购成本。另外，进口货物交纳的关税也要计入成本。

②自制存货的入账价值。

自制存货（产成品）的入账价值包括直接材料、直接人工和制造费用。其中，制造费用是工业企业车间管理部门发生的工资及福利费、折旧费、水电费、办公费用、劳保费、修理费等。制造费用是一种间接费用，是为几种产品生产而发生的共同费用，因此，应当按照一定比例在各种产品之间摊销。

③企业接受捐赠的原材料，按以下规定确定其实际成本：

• 捐赠方提供了有关凭据（如发票、报关单、有关协议）的，按凭据上标明的金额加上应支付的相关税费，作为实际成本。

• 捐赠方没有提供有关凭据的，按如下顺序确定其实际成本：

◇同类或类似存货存在活跃市场的，按同类或类似存货的市场价格估计的金额，加上应支付的相关税费，作为实际成本。

◇同类或类似存货不存在活跃市场的，按接受捐赠的存货的预计未来现金流量现值，作为实际成本。

企业接受捐赠的原材料，按实际成本，借记“原材料”科目，贷记“待转资产价值”。期末，借记“待转资产价值”，按照确定的实际成本与现行税率计算未来应交的所得税；贷记“应交税费”科目，按照确定的实际成本减去应交所得税后的余额，贷记“资本公积”科目。

(2)发出存货与期末存货的计价。

发出存货的成本确定比较复杂，但它与期末存货的计价相关。比如，一家企业在一年当中一共进货三次，以单价100元购进1 000件，以单价150元购进1 500件，以单价180元购进3 000件，一共销售3 500件。问题是，发出的3 500件存货以哪一个或几个单价计算销售成本？同样，余下的存货又以何种单价计价？这便是存货的计价问题。

2006年颁布的《企业会计准则第1号——存货》规定，目前企业可以采用个别计价法、先进先出法和加权平均法进行核算发出存货的成本。

①先进先出法。

这一方法是根据先入库的材料先消耗，先入库的商品先出售的假定计价，并根据这种假定的成本流转顺序对发出存货和期末存货计价。采用这一方法计价时，要依次查明有关各批的单价，手续较繁，一般适用于收、发货次数不多的企业。

采用这一方法的结果是：耗用材料或售用商品的成本按存货中早期进货的单价计算，而期末结存材料、商品等则按存货中近期进货的单价计算。

②个别计价法。

个别计价法又称个别认定法、具体辨认法。这一方法是假设存货的成本价值流转与实物流转相一致，按照各种存货，逐一辨认各批发出存货和期末存货所属的购进批别或生产批别，分别按其购入或生产时所确定的单位成本作为计算各批发出存货和期末存货成本的方法。这一方法主要适用于能分清进货件别或批次的库存商品的企业，比如医药销售企业、食品销售企业。

③加权平均法。

这种方法是以本期进货数量和期初进货数量之和，除本期进货成本和期初存货成本之和，确定加权平均单价，从而计算发出货品和期末存货成本的一种方法。

（3）新、旧《企业会计准则》（以下简称《准则》）差异。

相对于旧《准则》，2006年颁布的新《准则》主要有以下几方面变化。

①取消了后进先出法和移动平均法。

取消的原因主要在于后进先出法下成本流与实物流在大多数情况下不一致，而移动平均法计算过于烦琐且无太大必要。企业在确定发出存货的实际成本时，应当采用先进先出法、加权平均法或个别计价法。由于先进先出法更侧重于反映公司长期的经营情况，对于那些生产周期较长、存货较多、周转率较低的上市公司将产生一定的影响。如采用后进先出法的家电公司，由于显像管价格不断下跌，如果改为先进先出法，将导致成本上升，利润下降；而那些以有色金属为原料的公司，由于有色金属的价格不断上涨，如果把后进先出法改为先进先出法，将会增加利润。

②允许因存货而发生的借款费用资本化。

对于因存货而发生的借款费用，旧《准则》的规定是直接计入当期损益；而新《准则》规定，如果是为生产大型机器设备、船舶等生产周期较长的资产而借入的款项所发生的利息，可根据《企业会计准则第17号——借款费用》的规定，在满足有关条件时予以资本化，计入存货价值。

③取消了低值易耗品和包装物的分次摊销法与净值摊销法。规定企业应当采取一次转销法或者五五摊销法对低值易耗品和包装物进行摊销，计入相关资产的成本或者当期损益。

④改变了投资者投入存货入账成本的计量。

除了按照投资合同或协议约定的价值确定以外，新《准则》还针对合同或协议约定价值不公允的情况作出了例外性规定，这时应按公允价值确定存货的成本，符合新修订的《公司法》关于“对作为出资的非货币财产应当评估作价，核实财产，不得高估或者低估作价”的规定。

16. 原材料退货

小红所在某施工企业上月末购进了一批原材料，当时就取得了增值税发票，在月末做账时已经将取得的增值税发票上的进项税额抵扣，原材料于这个月中旬运到，但经检验发现质量不合格，经过与供货商交涉同意退货。小红不明白上月已经抵扣了的增值税额在账务上怎样处理，这也是一些会计人员易犯错的点。

在购入的材料发生退货的情况下，公司应该主动到主管国税局开具《销售退回及索取折让证明单》，这样，供货单位方可冲减其前期已确定的销项税。同时，财务上公司用红字冲减当初购货时的分录为：

借：原材料　　（红字）

　　应交税费——应交增值税（进项税额）　　（红字）

　　贷：银行存款　　（红字）

17. 原材料成本核算

在采用实际成本法核算原材料时，小王不明白哪些费用应该计入原材料成本中，哪些该计入销售费用中。材料检测费是否该计入材料和商品的采购成本？这些困惑给小王带来了麻烦，致使他在原材料成本核算时犯错了，同样的，这些也是会计人员易犯错的地方。

根据《企业会计准则第1号——存货》的规定，存货成本包括采购成本、加工成本和其他成本。其中，存货的采购成本一般包括采购价格、进口关税和其他税金、运输费、装卸费、保险费以及其他可以直接归属于存货采购的费用。商品流通企业的商品采购成本包括采购价格、进口关税和其他税金等。

工业企业材料购入前的检测费，应计入材料成本，购入后的检测费，计入生产成本。对于商品流通企业，不管购入前还是购入后，商品的检测费都不计入商品成本，而应该计入销售费用。

企业各种材料的实际成本与计划成本的差异，用“材料成本差异”科目核算。企业根据具体情况，可以单独设置本科目，也可以在“原材料”、“包装物及低值易耗品”等科目设置“成本差异”明细科目进行核算。

“材料成本差异”科目应当分别“原材料”、“包装物及低值易耗品”等，按照类别或品种进行明细核算。

材料的计划成本所包括的内容应与其实际成本相一致，计划成本应当尽可能地接近实际。计划成本除特殊情况外，在年度内一般不作变动。

发出材料应负担的成本差异应当按月分摊，不得在季末或年末一次计算。发出材料应负担的成本差异，除委托外部加工发出材料可按月初成本差异率计算外，都应使用当月的实际差异率；月初成本差异率与本月成本差异率相差不大的，也可按月初成本差异率计算。计算方法一经确定，不得随意变更。材料成本差异率的计算公式如下：

$$\text{本月材料成本差异率}=\left(\begin{array}{l}\text{月初结存材料的成本差异}\\+\text{本月收入材料的成本差异}\end{array}\right)\div\left(\begin{array}{l}\text{月初结存材料的计划成本}\\+\text{本月收入材料的计划成本}\end{array}\right)\times 100\%$$

$$月初材料成本差异率=\frac{月初结存材料的成本差异}{月初结存材料的计划成本}\times 100\%$$

$$发出材料应负担的成本差异=发出材料的计划成本\times 材料成本差异率$$

材料成本差异的主要账务处理如下：

（1）入库材料发生的材料成本差异。

实际成本大于计划成本的差异，借记“材料成本差异”科目，贷记“材料采购”科目；实际成本小于计划成本的差异做相反的会计分录。调整材料计划成本时，调整的金额应自“原材料”等科目转入“材料成本差异”科目：调整减少计划成本的金额，记入“材料成本差异”科目的借方；调整增加计划成本的金额，记入“材料成本差异”科目的贷方。

（2）结转发出材料应负担的材料成本差异，借记“生产成本”、“管理费用”、“销售费用”、“委托加工物资”、“其他业务成本”等科目，贷记“材料成本差异”科目；实际成本小于计划成本的差异，做相反的会计分录。

“材料成本差异”科目期末借方余额，反映企业库存原材料等的实际成本大于计划成本的差异；贷方余额反映企业库存原材料等的实际成本小于计划成本的差异。

第5章　存货核算易错点

本章主要内容

18. 违规设置“存货”账户

19. 存货的核算

20. 存货的保管与盘点

18. 违规设置“存货”账户

企业的存货往往品种繁多、规格各异、收发频繁，容易发生盗窃、侵占、挪用和腐烂变质，造成存货类账户的会计信息失真。这些都会使得会计人员在处理存货时发生错误。因此，建立、健全有效的存货内部控制度是减少发生存货损失，防止会计信息失真的有效手段，存货类账户会计信息失真还影响到销售成本等费用类账户，因此，存货类账户会计信息失真的鉴别应作为假账查证的重点。

为核算商品存货，一般设置“库存商品”、“出租商品”、“商品采购”、“加工商品”、“商品进销差价”等账户。

（1）“库存商品”账户。

该账户核算全部自有的库存商品。其借方反映商品验收入库的金额，贷方反映商品发出的金额，余额表示库存商品的结存金额。该账户应按商品种类、名称、规格和存放地点设置明细账。具体的使用方法为：

①采用售价法核算的商品，按商品售价借记该账户，按商品进价贷记“商品采购”账户，商品售价与进价的差额，贷记“商品进销差价”账户。

②采用进价法核算的商品，应按商品进货原价借记该账户，贷记“商品采购”账户。

③经营进出口商品的企业，可在该账户内设“库存进口商品”、“库存出

口商品”、“其他库存商品”等明细账户或设置相应的一级账户进行核算。

（2）“出租商品”账户。

该账户核算对外租赁商品业务而租出的进货原价。本账户借记出租商品的原进价，贷记出售商品的价值摊销；余额在借方，表示已经租出尚未摊销的租出商品金额。该账户设置“出租商品原价”和“出租商品摊销”两个明细分类账户，并按出租商品的类别、品名、规格等进行明细核算。

对于存货，既要设置总账账户进行总分类核算，也要设置明细分类账户进行明细核算，必要时还应设置备查簿进行辅助核算。对存货账户的设置，应考虑企业自身的特点，以使其符合本企业的需要。有些企业有关存货账户设置不科学、不合理。如对明细账反映得不够全面、详细，或未设相应的备审查簿进行登记，致使削弱了对存货的实物管理和控制，造成存货的大量丢失、被盗、毁损等。

（3）“商品采购”账户。

该账户核算国内采购、国外进口商品的采购成本。其借方反映购入商品的金额，贷方反映商品验收入库的金额，余额表示在途商品的采购成本。已验收入库的商品，以该账户的贷方转入“库存商品”账户借方。该账户一般按供货单位、商品类别等设置明细账。如经营进出口商品，还应根据需要分别按境内商品采购、进口商品采购和出口商品采购进行二级核算。

（4）“加工商品”账户。

该账户反映企业自行加工或委托其他单位加工的多种商品的实际成本。该账户借记加工商品的实际成本，贷记加工完成收回的加工产品的数额；余额在借方，表示拨付加工尚未收回的加工商品成本。本账户按加工商品的类别、加工单位设置明细账户。

（5）“商品进销差价”账户。

该账户核算采用售价法核算的商品售价与进价之间的差额。该账户贷记企业购入、加工收回以及销售退回等增加库存商品的售价与进价之间的差额，借记月末分摊已销商品的进销差价，余额反映库存商品的进销差价。该账户按商品类别设置明细账。

19. 存货的核算

（1）存货核算时易出错的点。

①随意变更存货的计价方法。

根据会计制度规定，企业可以根据自身的需要选用制度所规定的存货计价方法，但选用的方法一经确定，年度内不能随意变更，如确实需要变更，必须在财务报表中说明变更原因及对财务状况的影响。但在实际工作中存在随意变更计价方法的问题，违反了会计的一致性、可比性原则，造成会计指标前后各期口径不一致，缺乏可比性。

②存货发出时选用的计价方法不合理、不适当。

存货的计价方法各有其优缺点和适用范围，企业应根据自身实际生产经营管理的需要和实际情况并结合每一种计价方法的特点来选用存货计价方法。但在实际工作中存在一些问题，主要表现如下：

• 对低值易耗品、包装物等其他存货的领用采用不适当的摊销方法。如一次领用数量较多、价值较大的低值易耗品、包装物时，采用一次摊销法将其价值全部摊入成本或费用中，影响了会计信息的准确性和前后各期的可比性。

•一些材料种类不多、材料管理制度不够健全的小型施工企业选用计划成本对材料进行日常核算，造成材料计划成本的制定缺乏依据和稳定性；而一些材料品种较多的大型施工企业却采用实际成本进行材料的核算，从而增加了核算的工作量，不能适应材料管理和核算的需要。

•采用实际成本核算材料的施工企业，不能根据材料的变动状况、物价走势、管理要求确定合理的存货发出计价方法。如有些企业存货的增减变动比较频繁，品种规格较多，一般应采用加权平均法计算发出成本，但却选用了个别计价法，从而增加了核算工作量，也给业务、仓库等部门的管理工作增加了难度。此类问题主要是由于企业没有将自身实际情况与每种计价方法的适用范围、特点结合起来。

（2）存货的跌价准备。

企业存货发生减值时计提的存货跌价准备，通过“存货跌价准备”核算。

存货跌价准备的主要账务处理如下：

①资产负债表日，企业根据存货准则或生物资产准则确定存货发生减值的，按存货可变现净值低于成本的差额，借记“资产减值损失”科目，贷记本科目。

已计提跌价准备的存货价值以后又得以恢复，应在原已计提的存货跌价准备金额内，按恢复增加的金额，借记本科目，贷记“资产减值损失”科目。发出存货结转计提的存货跌价准备的，借记本科目，贷记“主营业务成本”、“生产成本”等科目。

②建造承包商企业已开工建造的合同，根据建造合同准则确定合同预计总成本超过合同总收入的，应按其差额，借记“资产减值损失”科目，贷记本科目。合同完工时，借记本科目，贷记“主营业务成本”科目。

建造承包商企业未开工建造的合同，根据建造合同准则确定合同预计总成本超过合同总收入的，应按其差额，借记“管理费用”科目，贷记“预计负债”科目。

本科目期末贷方余额，反映企业已计提但尚未转销的存货跌价准备。

20. 存货的保管与盘点

（1）保管人员要严查。

在企业中，有的保管人员利用职务之便，或勾结车间人员，涂改账目、盗窃财物，或者虚报和夸大损失，将报损材料转移或贪污私分；冒领或用假领料单和发料单，盗窃物资，转移出售；或盗窃财产物资，将所窃物资成本通过打折等手法打入正常领料、发料业务之中。

例如，某企业车间领料员、成本核算员与仓库保管员，共谋贪污盗窃电器材料。由领料员填写领料单，不经车间领导审批，直接到仓库领料；仓库保管员不按发料要求进行审核，即签字发料，随后合伙将实物偷运出厂。在账务处理时，只依据领料单作借记生产成本、制造费用科目，贷记内部往来科目的账务处理，而漏掉了材料入库和出库的核算程序。

（2）存货的清查盘点。

小丽负责存货核算，到了年底要进行存货清查盘点，但小丽不知道按照怎样的程序进行，是不是盘盈了就冲销管理费用，盘亏了就计入管理费

用中?

企业进行存货清查盘点，应当编制“存货盘存报告单”，并将其作为存货清查的原始凭证。经过存货盘存记录的实存数与存货的账面记录核对，若账面存货小于实际存货，为存货的盘盈；反之，为存货的盘亏。对于盘盈、盘亏的存货要计入“待处理财产损溢”科目，查明原因进行处理。

①存货的盘亏。

企业对于盘亏的存货，根据“存货盘存报告单”编制如下会计分录：

借：待处理财产损溢——待处理流动资产损溢

　　贷：原材料

　　　　周转材料

　　　　库存商品

对于购进的货物、在产品、产成品发生非正常损失引起的盘亏存货应负担的增值税，应一并转入“待处理财产损溢”科目。

借：待处理财产损溢——待处理流动资产损溢

　　贷：应交税费——应交增值税（进项税额转出）

对于盘亏的存货应根据造成盘亏的原因，分别情况进行转账，属于定额内损耗以及存货日常收发计量上的差错，经批准后转作管理费用。

借：管理费用

　　贷：待处理财产损溢——待处理流动资产损溢

对于应由过失人赔偿的损失，应作如下分录：

借：其他应收款

　　贷：待处理财产损溢——待处理流动资产损溢

对于自然灾害等不可抗拒的原因而发生的存货损失，应作如下分录：

借：营业外支出——非常损失

　　贷：待处理财产损溢——待处理流动资产损溢

对于无法收回的其他损失，经批准后记入“管理费用”科目：

借：管理费用

　　贷：待处理财产损溢——待处理流动资产损溢

企业存货的清查盘点，可分为定期盘点和不定期盘点两种，定期盘点一般在月末、季末、年终进行；不定期盘点是指临时性的盘点以及发生事故损失、会计交接、存货调价等而进行的盘点清查。企业应当做好存货的清查工作，加强管理，防止存货的呆滞积压或毁损。

②存货的盘盈。

企业在财产清查中盘盈的存货，根据“存货盘存报告单”所列金额，编制会计分录如下：

借：原材料

　　周转材料

　　库存商品

　　贷：待处理财产损溢——待处理流动资产损溢

盘盈的存货，通常是由企业日常收发计量或计算上的差错所造成的，其盘盈的存货，可冲减管理费用，按规定手续报经批准后，作会计分录如下：

借：待处理财产损溢——待处理流动资产损溢

　　贷：管理费用

存货的盘存方法有定期盘存制和永续盘存制两种。

• 定期盘存制。

在定期盘存制中，企业并不保持存货的连续记录。取而代之的是在期末时，由企业盘点实存数，然后利用单位成本来确定期末存货成本。这一

存货数据会出现在资产负债表中。同时，它还用于计算销货成本。定期盘存制由于需要依靠实地盘点，也称为实地盘点制。定期盘存制主要用于对单位成本较低的存货项目进行会计处理。有效使用定期盘存制，企业经理必须能够通过目测来控制存货。例如，当顾客询问企业有多少存货时，经理能够估量出库房的存货数量。

在定朔盘存制中，企业在购货账户中记录存货的购买。存货账户是从上期期末结转过来的期初余额。直到期末，为编制财务报表，存货账户才必须调整至结账日的金额。为此，先需作一笔日记账分录和扣除存货的期初余额，即贷记“存货”，借记“收益汇总”。第二笔分录是按存货的实地盘存数，记录期末余额，借记“存货”，贷记“收益汇总”。这些分录既可作为结账分录，也可作为调整分录。

企业的存货品种多，收发频繁，在日常的存货收发、保管过程中，由于种种原因，如计量错误、检验疏忽、管理不善、自然损耗、核算错误、偷窃、贪污等会造成存货账实不符。

发生盘亏和毁损的存货，批准前先转至“待处理财产损溢”科目，批准后再根据造成亏损的原因，分别情况进行账务处理。属于自然损耗产生的定额内合理的亏损，经批准后转作管理费用;属于超定额短缺以及存货毁损，能确定过失人的应由过失人负责赔偿；属于保险责任范围的，应向保险公司索赔，扣除过失人或保险公司赔款和残料价值后，计入管理费用；属于非正常损失造成的毁损，扣除保险公司赔款和残料价值后，计入营业外支出。

• 永续盘存制。

在永续盘存制中，企业对各个存货项目进行连续记录。因此，这些记录能表明企业在任一时点的存货数量。持续的记录对于编制月度、季度或其他年内财务报表很有帮助。企业可以直接从账面确定期末存货成本和本期销货成本，而不需盘点存货数量，永续盘存制提供了一种高水平的控制。

存货账户余额的计算公式：

存货账户余额 = 期初余额 + 本期增加额 − 本期减少额

在永续盘存制下，存货账户的余额可以提供在任一时点的存货额。

但是永续盘存制的成本过高。过去，企业主要是对贵重商品采用永续盘存制，如宝石和汽车等。随着会计软件价格的下降，多数企业转向永续盘存制。

计算机系统对存货的会计处理具有革命意义。计算机化的永续盘存制能够提供对管理企业有用的每分钟的存货资料。它们可以准确无误地处理大量业务，降低会计成本。计算机系统还会加强内部控制，它们通过让管理者随时知道企业存货的数量和成本，提高了效率。管理者能够就购货数量、购买价格、销售价格以及信用条件等方面作出更好的决策。此外，知道企业存货量有助于保证存货安全。

③存货盘存控制制度。

一项有效的存货控制制度往往将永续盘存和实地盘存制度相结合运用，即平时要求保持良好的永续盘存记录，同时规定进行必要的定期和分批的实地盘点，以防止永续盘存制下账存数和实存数可能存在不相符的情况。

在永续盘存制下，各种库存存货的明细账应按每一品种规格设置，仓储部门保管账的设置应同会计部门存货明细账相协调，以便两部门相互核对控制。会计部门存货明细账应逐笔或逐日登记收入和发出数，并随时计列其结存数量。同时还应对存货金额进行登记，实行数量和金额双重控制。仓储部门存货保管账应由记账员根据收、发货单登记收发数量，进行数量控制。存货明细账应同存货保管账定期相互核对，以随时反映库存情

况和保护存货安全。明细账同实物保管账之间应定期核对，对于差异应调查原因。

在采用永续盘存制的同时，企业应对存货进行定期盘点，事先制定盘点计划，盘点计划内容应包括以下几个方面：

• 存货停止流动。

为了保证存货数量的准确，盘点时，企业各库房、各车间的存货必须停止流动，并分类摆放。

• 召开盘点预备会议，将盘点计划或指令贯彻到每一个参与人员。

• 盘点时间。

存货盘点可以选择在企业员工休假期间、由于某种原因生产停工期间、存货量的低水平期间、年末或资产负债表编制日前某一个月底进行。

• 编制连续编号的盘点标签或填写盘点清单。有条件的还应绘制存货摆放示意图，规划盘点路线。

• 盘点参与人员。

盘点是整个企业的一件大事，各级领导、有关人员，包括供应、存储、财务、生产等部门的有关人员都应参与。

上述盘点人员盘点后，企业应根据实际情况组织独立的小组，在盘点标签尚未取下之前，按照一定的比例进行复盘抽点。在比较抽点结果与盘点单上的记录时，不仅要核对数量，还应核对存货的编号、品种、规格及产品品质等。在抽点在产品时，还应关注其完工程度是否适当。抽点如发现差异，除应督促更正外，还应扩大抽点范围，如发现差错过大，则应要求重新盘点。

第 6 章　固定资产核算易错点

本章主要内容

固定资产的分类

固定资产的计价

固定资产的增减业务

固定资产的折旧

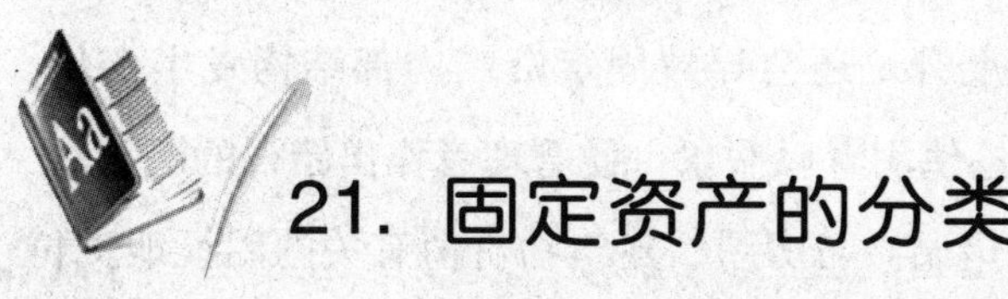

21. 固定资产的分类

21.1 固定资产的分类

各个企业对固定资产的分类不尽相同。一般而言，可以分为以下七类：生产经营用固定资产；非生产经营用固定资产；租出固定资产；不需用固定资产；未使用固定资产；土地；融资租入固定资产。

企业对固定资产可根据实际情况进行分类，一般企业多采用按经济用途和使用情况分类。对固定资产的分类正确与否主要涉及企业对哪些固定资产应计提折旧，以及折旧费用的列支问题，这些问题都直接影响到企业费用与成本的计算，财务成果的确定与计算所得税的依据。

（1）企业将采用经营租赁方式租入的固定资产与采用融资租赁方式租入的固定资产混为一谈，以达到降低或提高折旧费用，从而人为调整财务成果的目的。对企业采用经营租赁方式租入的固定资产按照有关规定，租入企业是不计提折旧的，由租出企业计提折旧；而采用融资租赁方式租入的固定资产，租入企业是要按规定计提折旧的。如果对有用经营租赁方式租入的固定资产计提折旧，其结果只能是人为提高折旧费用，增加当期的生产成本或期间费用。如果对采用融资租赁方式租入的固定资产不计折旧，其结果就是虚假地降低生产成本或期间费用。这两种结果都是对企业

财务成果与纳税的人为干扰。

（2）将未使用固定资产划入生产经营使用的固定资产之中，会增加当期的折旧费用，使生产费用上升，还会导致固定资产内部结构发生变化，虚增固定资产使用率，给信息使用者以假象，使管理者作出错误的决策。

（3）对土地的分类出现错误。与房屋、建筑物价值有关的因征地支付的补偿费，应计而不计入房屋、建筑物的价值，而将其单独作为土地入账，便降低了固定资产的原始价值，造成了固定资产的分类混乱。

21.2 固定资产分类易犯的错

通常，企业易将固定资产与低值易耗品相混淆，从而达到增减成本、费用以调控利润的目的。

低值易耗品是指劳动资料中单位价值在规定限额以下或使用年限比较短（一般在1年以内）的物品。它跟固定资产有相似的地方，在生产过程中可以多次使用不改变其实物形态，在使用时也需维修，报废时可能也有残值。由于它价值低，使用期限短，所以采用简便的方法，将其价值摊入产品成本。

根据会计制度规定，企业的固定资产的构成是：使用期限在1年以上的房屋、建筑物、机器、设备、器具、工具等；不属于经营主要设备的物品，单位价值在2 000元以上，并且使用年限超过两年的，也构成固定资产，不具备上述条件的，应列作低值易耗品。

在工作中存在着未按上述原则和标准划分固定资产与低值易耗品的问题。

有的企业将属于低值易耗品的物品列作固定资产，有的企业将属于固定资产的物品列作低值易耗品，造成核算上的混淆不清。

企业为了增加成本、费用，将符合固定资产的物品划入低值易耗品，一次摊销或分次摊销；为了减少当期成本、费用，将符合低值易耗品标准的物品划入固定资产进行管理，延缓其摊销速度。这种混淆划分标准，还会导致资产结构的变化，使固定资产与存货之间发生此长彼消的关系，使会计信息产生错报，直接影响投资者的决策。

22. 固定资产的计价

固定资产的计价，就是按照一定的原则，以货币表现的固定资产价值。企业固定资产，在会计核算工作中，统一按以下规定计价。

（1）自制的固定资产，按所开支的工料费计价入账。

（2）原有固定资产增添零配件（不包括维修消耗用品），按开支金额计入固定资产原值。

（3）原有的固定资产，有下列情况之一者，需相应增减其原值：

①成套设备、因毁损或拆除其原有一部分时，应减少其原值。

②收受捐赠的固定资产，无主归公的固定资产，按重置完全价值，估计价格。

③因加工改制而增加其数量或提高质量时，要按新开支的成本费增加其原值。

④大修理、修缮和维修新开支的费用，均不增加固定资产的原值。

（4）无价调入和旧存的固定资产，不能查明定价；可以按重置价估价入账。

（5）调出、变质和报废的固定资产，都按账面原价注销。

（6）新建、购入和调入的固定资产，分别按造价、购价和调拨价入账。购入和调入固定资产的运杂费不计入固定资产的原价之内，直接在经费支出中列支。

企业一般容易在计价方法和价值构成以及任意变动固定资产的账面价值方面出现问题。

（1）计价方法。

企业会计制度规定，新增加的固定资产有原始价值的就应按原始价值入账；无法确定原始价值的，按重置完全价值入账；而账面价值则主要用于计算盘盈、盘亏、毁损固定资产的溢余或损失。有些企业却不按上述规定采用正确的计价方法。从而影响了当期其他的成本费用，使固定资产的有效期内的折旧产生差错，使会计信息反映失实，最终误导人们的决策行为。

（2）价值构成。

企业在固定资产价值构成方面发生的问题主要是任意变动固定资产价值所包括的范围。有些企业不按规定，在购入固定资产时，将与购入该固定资产无关的费用支出或虽有某些联系但不应计入固定资产价值的支出，统统作为固定资产的价值组成部分，造成固定资产价值虚增虚减。

（3）任意变动固定资产的账面价值。

有些企业不顾国家规定，任意调整、变动已入账的固定资产的账面价值。如：经营租赁的固定资产，实物虽已转移，但出租单位仍应对该固定资产进行管理，会计部门应对其进行核算。但有些企业因固定资产已不在本企业使用而随意将固定资产从账户中削减，导致会计信息失真，影响管理当局及外部会计信息使用者的正确判断。

23. 固定资产的增减业务

对于固定资产的增减业务，易犯错的有以下几点：

（1）资产增加业务的入账价值不正确、不合理。

按照财务制度规定增加的固定资产，有原始价值的按原始价值入账；没有原始价值的按重置价值入账。具体是：购入的固定资产，以购入价加上施工企业负担的运输、装卸、安装调试、保险等费用计价，从国外购进的还应包括进口税金；自制、自建的固定资产应按建造过程中的实际净支出计价；在原有固定资产基础进行改建、扩建的，按固定资产原值，加上改扩建发生的实际净支出计价；投资者投入的固定资产，按评估确认价值或按合同、协议约定的价格计价；以融资租赁方式租入的固定资产，按租赁协议规定的价款加由施工企业负担的运输、装卸、保险等费用计价；接受捐赠、从境外调入或引进的固定资产，以所附单据确定的金额加上由施工企业负担的运输费、保险费、安装调试费、缴纳的税金等计价。无发票账单的，按照同类固定资产的市场价格计价；盘盈的固定资产按同类固定资产的重置完全价值计价。

（2）资产增加后，对应账户的处理不正确。

无论是哪种形式构成固定资产的增加，都应根据其具体情况作出正确的会计处理，即在增记“固定资产”账户的同时，根据固定资产的具体形式，在正确的对应账户上进行登录。

至于固定资产减少业务的处理方法与增加业务的处理方法相似。

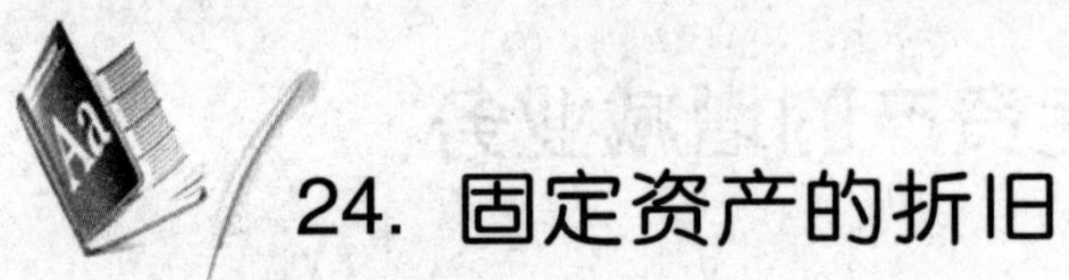

24. 固定资产的折旧

在对固定资产进行折旧核算时易犯错的点有以下几项。

（1）未按规定选用折旧方法。

在实际工作中，有些施工企业出现不按照国家有关财务制度规定选用折旧方法的问题。主要有以下三种情况：

①某些属于技术进步快的施工企业，却选用了平均年限法或工作量法，这样做显然不符合固定资产更新快的特点。

②有的不属于国家允许选用加速折旧方法的施工企业，却采用了加速折旧的方法；有些施工企业将国家不允许采用加速折旧方法的某类固定资产选用了加速折旧的方法计提折旧；有些施工企业未经财政部门批准就擅自采用了加速折旧的方法。

③某些施工企业适宜采用工作量法，或某类固定资产宜采用工作量法，但施工企业却采用平均年限法，这样做同样不符合该类固定资产的特点。

（2）折旧方法与折旧年限随意变动。

在实际工作中，有些施工企业随意变更所采用或确定的折旧方式或折旧年限,或者确需进行变更，但未在年度以前提出申请，报经主管财政机关批准。比如，有的施工企业对某类或某项固定资产的折旧，由平均年限法改为加速折旧的年数总和法或双倍余额递减法；有的施工企业将某项固定资产已经确定的折旧年限由长改短，或由短改长，等等。凡此类问题的发生，均会影响到固定资产折旧核算的真实性和正确性，同时也会影响到财务成果的正确性。

（3）未按规定的范畴计提折旧。

在实际工作中，有些施工企业不按照国家有关财务制度规定所划定的范围提取折旧，即任意扩大或缩小计提固定资产折旧的范围，以通过扩大或缩小折旧费用最终达到减少或扩大利润的目的。对于这类问题，查证人员首先应审阅被查施工企业的“固定资产折旧计算表”，然后将其中所列的计提折旧的固定资产的具体内容与“固定资产”账户所属的明细账和固定资产卡片逐一核对，必要时可以对有关固定资产的使用情况、需用情况、大修理情况、出租情况、在建工程的完工情况等其他有关问题进行实地察看与了解，以确定其实际情况，从而查证被查施工企业有无任意或错误地扩大与缩小计提固定资产折旧的范围。固定资产的原值和预计净残值一经确定，是不能任意改动的，所以施工企业的固定资产若无增减变化，其计提的折旧额也是相对稳定的。

（4）月折旧额的计算不真实、不正确。

施工企业每月计提的折旧额是根据固定资产的月折旧率与月初账面固定资产原值分项计算，然后汇总得出的。在实际工作中，有些施工企业却不照此办理，比如，有些施工企业在计算月折旧额时出现计算错误，甚至是人为计算错误（故意多计或少计折旧额）；有些施工企业在计算月折旧额时虚增虚减计提基数，将本月增加的固定资产计提折旧，或将本月减少的固定资产不计提折旧等。这些问题的发生都会影响到月折旧额计算的真实性和正确性，进而影响到折旧费用与财务成果核算的真实性和正确性。

（5）未按规定确定折旧年限。

我国的财务制度对各类固定资产的折旧年限作出了明确规定，施工企业应严格按照有关规定确定各类固定资产的折旧年限，它直接影响到施工企业各期折旧费用的金额，并进而影响到财务成果计算的标准性。

但是，在实际工作中，有些施工企业却不按已有明确规定的折旧年限计提折旧：有些施工企业按低于规定年限下限的年数计提折旧；有些施工企业按高于规定年限上限的年数计提折旧。

（6）固定资产的净残值预计不符合规定。

固定资产的净残值，是指资产报废时，其残值收入减去清理费用后的余额。国家已对净残值的比率作了明确规定。但是，在实际工作中，有些施工企业却不按此规定办理，比如，有些施工企业按高于固定资产5%的比例预计固定资产的净残值；有的施工企业在计算固定资产折旧率时不考虑净残值等。这些问题均会影响固定资产折旧率核算的正确性和真实性，进而也会影响到施工企业财务成果的真实性和合理性。

在以对固定资产折旧进行核算时，要注意以下几方面：

（1）查证人员首先通过审阅“固定资产折旧计算表”、“固定资产卡片”和“固定资产登记簿”及有关会计资料，确定被查施工企业对某项固定资产所采用的折旧年限，然后将其与财务制度规定的该项固定资产的折旧年限对照分析，看其是否相符，从而查证施工企业有无未按财务制度规定的折旧年限计提折旧的问题。

（2）查证人员应特别注意被查施工企业折旧额的变化与固定资产的增减业务，以免疏漏。

（3）查证人员可以通过审阅被查施工企业的“固定资产折旧计算表”、“固定资产卡片”和“固定资产登记簿”等会计资料，发现线索或疑点，也可通过分析“累计折旧”各月贷方发生额的变化发现线索或疑点，然后再调阅会计凭证，进行账证、证证核对，并在调查询问、了解有关情况的基础上查证问题。

（4）查证人员可以首先通过审阅被查施工企业的“固定资产折旧计算表”和“固定资产卡片”，“固定资产登记簿”等会计资料，了解、确定其所采取的具体折旧方法，然后对被查施工企业的具体情况和固定资产的特点进行调查了解，再将上述情况进行综合分析，最后判断出被查施工企业对其各类固定资产所分别采取的折旧方法是否科学、是否合理、是否符合国家有关规定，并在进一步调查询问、了解有关情况的基础上查证问题。

（5）查证人员应复核“固定资产折旧计算表”或其他反映固定资产折旧计算过程的原始凭证中的有关计算过程，并将其中所反映的有关数字与“固定资产卡片”或“固定资产登记簿”中的有关数字进行核对，特别是对发生“固定资产登记簿”中的有关数字进行核对，特别是对发生固定资产增减业务的当月与下月计算的月折旧额要认真核对，从而发现和查证问题。

（6）查证人员首先应通过审阅“固定资产卡片”和“固定资产折旧计算表”等会计资料，复核其中所反映的固定资产折旧率的计算过程及计算结果，确定被查施工企业所采用的预计净残值率，然后分析被查施工企业的具体情况，对照财务制度的规定，查证被查施工企业对固定资产净残值的预计是否合理与符合规定。

第7章　无形资产核算易错点

本章主要内容

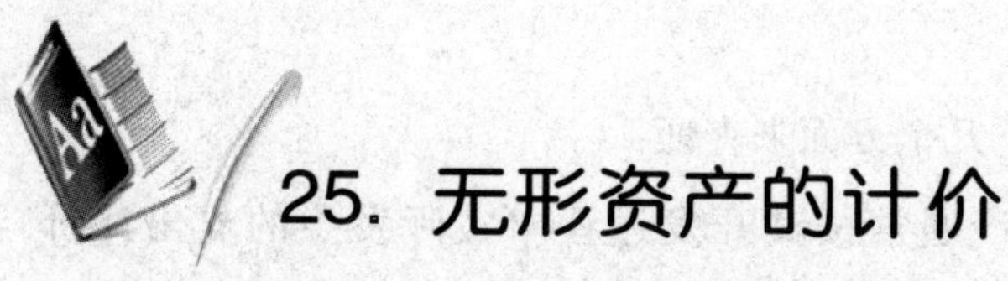

25. 无形资产的计价

（1）对于无形资产应按照下列原则进行计价。

①购入的无形资产，按照实际支付的价款计价。

②接受捐赠、从境外引进的无形资产，按照所附单据或参照市场同类无形资产价格评估计价。无形资产在计价时，须备齐资料，包括所有权或使用权证书的复制件、计价的依据和标准等。其中非专利技术的商誉的计价，应经法定评估机构确定。商誉只有在企业合并或接受商誉投资时才能评估计价。

③自行开发并且依法申请取得的无形资产，按照开发过程中发生的实际净支出计价。

④投资者作为资本金或合作条件投入的无形资产，按评估或合同、协议及企业申请书的金额计价。

在实际中存在着对无形资产计价不合理、不合规的问题。其中易犯错的有以下几点：

- 对无形资产计价时未经法定评估确定，而是自我随意确定其价值。
- 对无形资产计价过高或过低。
- 在没有企业合并或接受其他单位商誉投资时就对商誉作价入账等。
- 对无形资产计价时没有经法定手续进行评估或确认，而且是随意计价。

（2）无形资产的计价是否合规时，应对以下几点进行检查：

企业是否按制度规定对增加的无形资产计价入账，有无任意提高和降低无形资产价值的行为。

具体来说，可以从以下几个方面来查证：

①自行开发的无形资产通常按其开发过程中实际发生的支出计价，审查各项支出是否真实、合规、正确，所列开支是否确为无形资产开发所发生的开支，有无将与无形资产开发无直接关系的费用列入无形资产价值等。

②购入无形资产的发票有无伪造、篡改的行为，与购入无形资产直接相关的费用是否计入无形资产价值，有无将其他无关费用计入无形资产购入成本的行为。

③审查企业由法定评估部门出具的评估证书，从而查明企业有无未经法定评估而擅自对无形资产作价的行为。

④审查无形资产账户，查证企业商誉的作价入账是否只是在企业合并情况下发生，有无在正常的经营期内，擅自将商誉作价入账。

26. 无形资产的摊销

无形资产的应摊销金额为其成本扣除预计残值后的金额。已计提减值准备的无形资产，还应扣除已计提的无形资产减值准备累计金额。使用寿命有限的无形资产，其残值应当视为零，但下列情况除外：

第一，有第三方承诺在无形资产使用寿命结束时购买该无形资产。

第二，可以根据活跃市场得到预计残值信息，并且该市场在无形资产使用寿命结束时很可能存在。

（1）企业摊销无形资产。

企业摊销无形资产，应当自无形资产可供使用时起，至不再作为无形资产确认时止。

企业选择的无形资产摊销方法，应当反映与该项无形资产有关的经济利益的预期实现方式。无法可靠确定预期实现方式的，应当采用直线法摊销。

无形资产的摊销金额一般应当计入当期损益（管理费用、其他业务成本等）。某项无形资产所包含的经济利益通过所生产的产品或其他资产实现的，其摊销金额应当计入相关资产的成本。

企业至少应当于每年年度终了，对使用寿命有限的无形资产的使用寿命及摊销方法进行复核。无形资产的使用寿命及摊销方法与以前估计不同的，应当改变摊销期限和摊销方法。

企业应当在每个会计期间对使用寿命不确定的无形资产的使用寿命进行复核。如果有证据表明无形资产的使用寿命是有限的，应当估计其使用寿命，按使用寿命有限的无形资产的有关规定处理。

（2）无形资产摊销分类。

按照使用年限，将无形资产分为期限型无形资产和无期限型无形资产两大类。所谓期限型无形资产，即随该项无形资产的使用，其使用寿命会越来越短，最终在一定的使用年限之后，它将不再属于该企业的一项资产。这个使用期限正如现行会计制度的规定。如专利权、非专利技术、商标权、著作权、土地使用权等。所谓无期限型的无形资产，主要是指那些没有法律规定、合同规定或公认的使用年限的无形资产。而这

里的无期限是一个相对概念，而非绝对的。它是指企业在良好的运行期间的无期限，如果企业面临倒闭，该项相对意义上的无期限型无形资产也随之消失了。如企业的商誉。对于期限型无形资产，随着使用，它会像固定资产等有形资产一样，价值越来越低，因此也能称为价值递耗类无形资产；而对于无期限型无形资产，随着使用，它会发挥越来越大的效用，而不是价值递耗，因此该类无形资产也能称为价值递增类无形资产。之所以这样分类是因为时间期限是一个客观的标准，只要有时间限制，它就是期限型无形资产，否则，为无期限型，一目了然。相对于《企业会计制度》将无形资产分为可辨认与不可辨认两大类的分类标准而言更客观。

（3）无形资产摊销规定。

现行的企业会计制度对无形资产摊销是这样规定的：无形资产应当自取得当月起在预计使用年限内分期平均摊销，计入损益。如预计使用年限超过了相关合同规定的受益年限或法律规定的有效年限，该无形资产按合同规定受益年限（法律未规定）或法律规定使用年限（合同未规定）或合同规定与法律规定（两者均规定）受益年限中较短者作为其摊销年限进行摊销，再或者，合同、法律均未规定，则摊销年限不应超过10年。

（4）无形资产摊销调整。

在此基础上，对无形资产的摊销作如下调整。

总的来说，可以分为摊销与不摊销两种情况。

①对期限型无形资产项目，在有效使用期限内分期摊销，计入损益。其中又包括：

• 对于土地使用权、商标权、专利权等预计使用年限确定，而且减值风险较低的，采用直线法摊销。

• 对非专利技术等有预计使用年限，但考虑技术进步等因素对其价值的影响呈加速变化的，可采用类似固定资产加速折旧法的“加速摊销”，以尽快收回投资，这也符合会计核算原则之谨慎原则。

②对无期限型无形资产项目，如商誉，由于它以构入价格作为其入账价值，但是在以后的生产经营过程中很可能会逐渐增值，所以无须进行价值摊销，甚至要增加其账面价值。这与企业会计制度规定的“期末如已计提减值准备的无形资产价值又得以恢复，应在计提减值准备的范围内转回”的本质是一致的，因为两者的经济内容是一致的。对于已计提减值准备的无形资产又得以恢复的，企业会计制度规定转回时借记“无形资产减值准备”，贷记“营业外支出——计提的无形资产减值准备”。既然对已计提的减值准备要如此处理，那么对未计提减值准备的无形资产项目在价值增加时也应有类似的会计处理，借记“无形资产”，贷记“营业外收入”。而且企业应该尽量频繁地做这项工作。

应注意的是现行会计法里面商誉不属于无形资产。

（5）无形资产摊销不合理、不合规的表现。

在实际中存在着无形资产的摊销不合理、不合规的问题。其中易犯错的有以下几点：

①对已确定的合理的摊销期限任意变动；

②任意多摊或少摊无形资产、人为地调节财务成果的高低等。

③摊销期限确定的不合理、不合规；

④将无形资产未摊入管理费用中而是摊入生产费用或销售费用中。

如某工业企业 2011 年 12 月本应摊销无形资产 15 000 元，却按150 000 元摊销，致使利润压了 135 000 元。

27. 无形资产与出售转让

企业在出售无形资产时，主要是进行“注销无形资产账面价值”、“取得转让收入”以及“反映各种与转让无形资产有关的费用支出”等方面的账务处理。新旧《制度》和《准则》规定的看起来很规范，其实在企业的会计实务中很难执行，因为无形资产出售业务的各项工作往往不可能全部在同一天完成，前后可能会相差一段时间。于是，在进行此项业务会计核算时，易在以下方面出现错误。

首先，与“出售无形资产”有关的某些事项（比如企业的收款业务和付款业务等）在发生的当时（不可能等到计算出最终的出售净额时再进行会计核算）就必须按照其发生额及时进行会计处理，此时企业就无法编制出合理的会计分录。

其次，在“出售无形资产”整个过程没有结束之前，谁也不能武断地认为此项出售结果一定形成“出售净收益”或者产生“出售净损失”，也就是说，企业实际上没有办法按照“无形资产出售净额”来进行会计核算和反映。

另外，当与出售某项无形资产有关的各项业务发生在不同月份时，即使企业已经将出售收入和出售支出分别计入了“营业外收入”和“营业外支出”，因为“营业外收入”和“营业外支出”都是损益类科目，每个月末都要将其发生额转入“本年利润”科目而不保留余额的，由于跨越不同会计期间的缘故，企业依然无法实现对“出售无形资产”采用净额加以核算和反映的目的。

第8章 其他日常业务核算易错点

本章主要内容

 28. “预付账款”与“应收账款”的核算

 29. 坏账损失的核算

 30. 坏账准备金的核算

 31. 施工企业间的资金拆借

 32. 应收票据的核算

 33. 备用金的核算

 34. 其他应收款的核算

……

28. “预付账款”与“应收账款”的核算

28.1 预付账款

企业按照购货合同规定预付给供应单位的款项，应通过“预付账款”科目核算。预付款项情况不多的，也可以不设置本科目，将预付的款项直接计入“应付账款”科目的借方。保险企业从事保险业务预先支付的赔付款，可将本科目改为“预付赔付款”科目，并按照受益人进行明细核算。本科目应当按照供应单位进行明细核算。

预付账款的主要账务处理如下。

（1）收到所购物资时，按应计入购入物资成本的金额，借记“材料采购”或“原材料”、“库存商品”等科目；按可抵扣的增值税额，借记“应交税费——应交增值税（进项税额）”科目；按应付金额，贷记“预付账款”科目。补付的款项，借记“预付账款”科目，贷记“银行存款”等科目；退回多付的款项，借记“银行存款”等科目，贷记“预付账款”科目。

（2）转销预付的赔付款项时，借记“赔付支出”科目，贷记“预付账款”科目。

“预付账款”科目期末借方余额，反映企业预付的款项；期末如为贷方余额，反映企业尚未补付的款项。

（3）企业因购货而预付的款项，借记“预付账款”科目，贷记“银行存款”等科目。

28.2 应收账款

“应收账款”是企业为了反映和监督应收账款的取得及款项回收情况而设置的一个账户。按现行制度规定，应收账款应在一年内收回，但在实际工作中，有的单位的经办人为了牟取私利，不积极组织催收，收取了对方好处费后故意到期不回收，长期挂账；还有的单位故意将已收回的“应收账款”不按规定及时结转，长期挂账，达到挪用收回款项的目的。企业赊销商品而产生的应收账款，本应及时收回。但购货单位为了长期占用应付货款，销售企业经销人员和财会人员为了从购货单位谋取利益，而共谋长期拖欠货款及运杂费，造成企业应收货款长期挂账。

【例8-1】甲企业置上级主管部门严格限制对外投资于不顾，利用“应收账款”账户进行对外投资，原打算将投资收回冲减“应收账款”后，投资收益移至账外给职工谋福利，结果投资失败，造成损失，领导害怕上级追究责任，迟迟不处理，造成“应收账款”账户长期挂账。以下是审计人员的查证过程。

①发现疑点。

2009年审计人员对甲企业进行审计，在审阅该企业“应收账款”明细账时，发现有一明细科目为××项目，而且金额正好是一整数500万元。当年无变动，询问财务人员也支支吾吾说不清楚。审计人员由此判断此款可能有问题。

②跟踪查证。

审计人员逐年追踪此款形成年份，发现此款是于2007年7月形成，明细账摘要内容只写“汇款”两字，记账凭证号为56#。经调阅56#记账凭证，发现其分录是：

借：应收账款——××项目　　　　5 000 000

　　贷：银行存款　　　　5 000 000

经审查，此记账凭证后只附有一张汇款单，查看汇款单，发现收款单位是南方某市所辖的一个乡镇。审计人员分别找有关知情人了解这笔应收账款的来龙去脉，并分析其原因。据有关人员反映，此款是用来同对方联合兴建国际旅游度假村的，至于现在建成没有，情况也不清楚。找经办此事的人和该单位领导了解，都说正在建设之中。审计人员根据了解的情况，派人去对方调查核实，在有关人员的大力配合下，终于查清了500万元应收账款的真相。

原来，该乡镇出台了一系列招商引资的优惠政策，其中之一就是谁吸引来资金，奖励其引资额的3%~5%。该镇某人找到甲企业领导，动员甲企业去投资建设国际旅游度假村，并且说效益一定非常可观，而且投资方享受种种优惠政策。时值南方房地产正在升温，加之“优惠”条件的吸引，甲企业领导同该镇签署了投资合同。合同规定，甲企业投资1.5亿元，对方以土地作为投资，双方联合兴建国际旅游度假村。在签署合同后，对方预付给甲企业领导“奖励金”2万元。7月第一笔款项500万元汇出，因甲企业资金根本达不到合同的规定及企业形势不好而没有追加投资。国际旅游度假村由于形势的变化而没有兴建。对方由于已收到500万元的资金，也就没有追究该企业违约责任。因此，此款实际由于甲企业的违约已形成损失。

③问题。

甲企业领导为了一己的私利，盲目投资，给企业造成巨大损失。后又怕承担责任，而迟迟不处理，长期挂账。有关人员对此供认不讳。事后将甲企业领导的“奖励金”2万元收回，上缴国库，并建议甲企业上级主管单位追究甲企业领导的行政责任。

29. 坏账损失的核算

坏账损失及其核算是应收账款核算的一个重要方面。顾名思义，坏账损失是指由于坏账而产生的损失，因此，了解坏账损失及其核算首先要从什么是坏账谈起。一笔应收账款在什么时候才能被确认为坏账，其条件通常是由会计准则或制度给出的。不论会计准则或制度如何变化，在会计实务中，坏账的确认都要遵循财务报告的基本目标和会计核算的一般原则，尽量做到真实、准确、切合本单位的实际。一般来说，应收账款符合下列条件之一的，就应将其确认为坏账：

第一，债务人破产，以其破产财产清偿后仍然无法收回的账款。

第二，债务人较长时期内未履行其偿债义务，并有足够的证据表明无法收回或收回可能性极小的账款。

第三，债务人死亡，以其遗产清偿后仍然无法收回的账款。

上述三个条件中的每一个条件都是充分条件，其中第三个条件是需要会计人员作出职业判断的。我国现行会计制度规定，上市公司坏账损失的决定权在公司董事会或股东大会。

根据会计制度的规定，对于一般企业来说，对因债务人破产或者死亡等原因，确实不能收回的应收账款以及因债务人逾期偿付超过3年仍不能收回的应收账款，应及时报主管部门审查作坏账处理；对于股份制企业来说，根据《股份有限公司会计制度有关会计处理问题补充规定》，只有在应收账款有确凿证据证明不能收回或收回的可能性不大，如债务单位破产、资不抵债、现金流量严重不足、发生严重的自然灾害等导致停产而在短时间内无法偿付债务时，以及其他够证明应收款项可能发生损失的证据和应收款项逾期 5 年以上的情况，才准予作坏账处理。但有的企业经济效益欠佳，为了确保完成利润指标，就对应处理的坏账损失不上报不处理，人为造成大量陈账、呆账长期挂账，以掩盖企业潜亏真相。

如某企业有一笔挂账达 3 年之久的应收账款，近日获悉该往来企业已进入破产清算程序，破产财产只够抵偿职工工资和一些相关税费，破产债权无法得以实现；该企业本应将此笔根本收不回来的应收账款冲销管理费用，但该企业领导考虑到这样一来，势必影响到年底的利润。影响企业的业绩，遂决定此笔应收账款暂不转销，继续挂在往来账上。这就是人为调节资产、调节利润。

企业利用坏账损失牟利的主要表现为以下几个方面，也是会计人员易犯错的点：

- 随意变更坏账损失处理方法，直接转销法和备抵法混用。
- 年末或定期调整坏账准备金额时不考虑坏账准备的实有余额。
- 收回已转销的坏账时，不增加“坏账准备”，而是作为“营业外收入”或“应付账款”或不入账，作为内部“小金库”处理或贪污私分。
- 核销坏账损失时不履行手续，即会计人员没有经过批准就擅自核销坏账损失。
- 备抵法下，人为扩大计提范围和计提比例，以达到多提坏账准备，多列管理费用，偷逃所得税的目的。
- 不按坏账确认的标准确认坏账发生。如将预计可收回的应收账款作为坏账处理；将本该确认为坏账的应收账款长期挂账，造成资产不实。

另外，还有些企业将单位还款不冲销往来账，而是截留并转移他处，

再通过坏账损失挤列管理费用。企业收到外单位归还的欠款后，直接从银行提出现金转入企业小金库，不在银行日记账上反映，日后再将应收账款作为坏账处理，通过坏账损失列入管理费用。如某企业收到××实业公司归还以前年度的欠款50 000元，企业收款后直接开出一张50 000元的现金支票，提出现金后转入企业小金库，用于吃喝业务招待以及购买一些福利用品，之后再将此笔应收账款作坏账处理，直接转销，计入管理费用，并保持账面的平衡关系。

因此，在审查企业坏账损失时应关注以下内容。

（1）坏账损失的确认。

①有无虚假的坏账损失，如企业为了达到某种目的，虚开销售收入，形成一笔假的应收账款，又不及时清理，挂账3年以上，名义上形成坏账损失。

②严格甄别坏账损失是否属因应收款内容，有无不属应收款内容却列入应收款，造成人为的“坏账”。

③有无逾期未满3年的应收账款都按坏账损失处理的现象。

（2）坏账的提取。

在审计中下列各项按规定不应列入计提范围：

①同关联方发生的应收账款。

②其他逾期款项，但无确凿证据证明不能收回的应收款项。

③计划对应收账款进行重组的。

另外，对企业持有未到期的应收票据和预付款不能直接计提坏账准备。应收票据虽然属于应收款项，但相对地说应收票据发生坏账的风险比较小，尤其是银行承兑汇票，即使有确凿的证据表明企业持有的未到期应收票据不能够收回或收回的可能性不大，也只有在应收票据票面金额转入应收款后，才能计提坏账准备。对预付款如果有确凿证据表明已不符合预付款性质，或者因供货单位破产、撤销等原因，已无望再收到所购货物的，也应将原计入预付款金额全部或部分转入其他应收款项后，再对转入的其他应收款项部分计提坏账准备，对未转入其他应收款的部分不得计提坏账准备。

（3）坏账损失的账务处理。

企业为核销坏账准备的提取和转销，会计上应设置“坏账准备”科目。企业提取坏账准备时，应借记“管理费用”，贷记“坏账准备”科目；坏账损失实现转销时，应借记“坏账准备”，贷记“应收账款”科目。但在会计实务操作中，有些企业为了简化核算，对已确认的坏账损失又收回的，会计分录直接借记“银行存款”，贷记“坏账准备”。按《企业会计制度》规定对于已确认的坏账损失，以后又收回的，应先恢复应收账款明细，再将收到的款项增加银行存款，减少应收账款。这样，一方面便于分析债务人财务状况，反映出债务人企图重新建立其信誉的愿望；另一方面使“管理费用”和“坏账准备”这两个会计科目核算更加清晰，对这一现象审计中应加以纠正。

30. 坏账准备金的核算

坏账准备是由企业的应收款项（含应收账款、其他应收款等）计提的，是备抵账户。企业对坏账损失的核算，采用备抵法。在备抵法下，企业每期末要估计坏账损失，设置“坏账准备”账户。备抵法是指采用一定

的方法按期（至少每年年末）估计坏账损失，提取坏账准备并转做当期费用，实际发生坏账时，直接冲减已计提的坏账准备，同时转销相应的应收账款余额的一种处理方法。

为避免发生错误，企业应该按照以下标准及规定计提坏账准备金。

（1）坏账准备计提比例差异分析。

对于坏账准备的计提比例问题，企业会计制度并没有明确的限制，而规定由企业根据“以往的经验、债务单位的实际财务状况和现金流量等相关信息予以合理估计”确定计提比例。除有确凿证据表明该项应收款项不能够收回或收回的可能性不大外（如债务单位已撤销、破产、资不抵债、现金流量不足、发生严重的自然灾害等导致停产而在短时间内无法偿付债务，以及3年以上的应收款项），下列各种情况不能全额计提坏账准备：一是当年发生的应收款项；二是计划对应收款项进行重组；三是与关联方发生的应收款项；四是其他已逾期，但无确凿证据表明其不能收回的应收款项。也就是说，坏账准备的计提比例最高可达100%。

《企业所得税税前扣除办法》第46条则明确规定：“经批准可提取坏账准备金的纳税人，除另有规定者外，坏账准备金提取比例一律不得超过年末应收账款余额的5‰。”

（2）坏账损失确认条件差异分析。

企业确认坏账时，应遵循财务报告的目标和会计核算的基本原则，具体分析各应收账款的特性、金额的大小、信用期限、债务人的信誉和当时的经营情况等因素。

纳税人符合下列条件之一的应收账款，应作为坏账处理：债务人被依法宣告破产、撤销、其剩余财产确实不足清偿的应收账款；债务人死亡或依法被宣告死亡、失踪，其财产或遗产确实不足清偿的应收账款；债务人遭受重大自然灾害或意外事故，损失巨大，以其财产（包括保险赔款等）

确实无法清偿的应收账款；债务人逾期未履行偿债义务，经法院裁决，确实无法清偿的应收账款；逾期3年以上仍未收回的应收账款；经国家税务总局批准核销的应收账款。

（3）坏账损失转销方法差异分析。

《企业会计制度——会计科目和财务报表》明确规定："企业只能采取备抵法核算坏账损失"。也就是说，企业对可能发生的坏账损失只能先行计提坏账准备，在确认发生坏账损失时，再通过坏账准备抵减坏账损失。

《企业所得税税前扣除办法》则规定，原则上采取直接转销法，即企业发生的坏账损失在报经税务机关审核批准后可直接计入会计当期，除此，企业也可选择采用计提坏账准备进行核算，但必须报经主管税务机关审批。

《企业所得税税前扣除办法》第45条规定：纳税人发生的坏账损失，原则上应按实际发生额据实列支。提取坏账准备金的纳税人发生的坏账损失，应冲减坏账准备金；实际发生的坏账损失，超过已提取的坏账准备的部分，可在发生当期直接扣除；已核销的坏账收回时，应相应增加当期的应纳所得税额。第48条规定：关联方之间的往来账款不得确认为坏账。企业实际发生的坏账损失，超过上一年度计提的坏账准备部分，可列为当期的损失；少于上一年度计提的坏账准备部分，应当计入本年度的应纳税所得额。坏账损失，须经当地税务机关审核认可。

（4）坏账准备计提范围差异分析。

企业应当在期末分析各项应收款项的可回收性，并预计可能产生的坏账损失。对预计可能发生的坏账损失，计提坏账准备。企业持有的未到期的应收票据，如有确凿证据证明不能够收回或收回的可能性不大时，应将其账面余额转入应收账款，并计提坏账准备。企业的预付账款如有确凿证

据表明其不符合预付账款性质，或者因供货单位破产、撤销等原因已无望再收到所购货物的，应将原计入预付账款的金额转入到其他应收款，并计提相应的坏账准备。从这些规定足以看出，企业会计制度所确认的计提坏账准备的基数为“应收账款”和“其他应收款”。企业按规定计提坏账准备时，借记“管理费用”，贷记“坏账准备”。“管理费用”在计算会计利润时已全额扣除。

计提坏账准备的年末应收账款是纳税人因销售商品、产品或提供劳务等原因，应向购货客户或接受劳务的客户收取的款项，包括代垫的运杂费。年末应收账款包括应收票据的金额。纳税人发生非购销活动的应收债权及关联方之间的任何往来款，不得提取坏账准备金。可见，税法所确认的计提坏账准备的范围为“应收账款”和“应收票据”。

需要特别说明的是，财政部、国家税务总局于2003年8月22日下发了《关于执行〈企业会计制度〉需要明确的有关所得税问题的通知》第8条明确规定：为简化起见，允许企业计提坏账准备的范围按企业会计制度的规定执行。这就意味着会计上计提的坏账准备的范围与税法所确认的计提坏账准备的范围实现了一致。

（5）坏账损失估计方法差异分析。

企业可以根据自身的实际情况合理地确定坏账准备的计提方法，可以选择使用应收账款余额百分比法，即按应收账款余额的百分比计提，也可采用账龄分析法，还可以选用销货百分比法。企业计提坏账准备的方法由企业自行确定，坏账准备计提方法一经确定，不得随意变更。如需变更，应当在财务报表附注中予以说明。《企业所得税税前扣除办法》则很单一，规定企业只能采用应收账款余额百分比法。

由于以上差异，造成计提金额不同，企业在年终申报缴纳所得税时，应在当年实际提取的坏账准备范围内进行纳税调整。其方法是：一是如果企业当年度实际提取的坏账准备小于或等于税法规定的提取限额，则按实际提取数在税前扣除，不作任何纳税调整。其差额部分，在以后年度也不得补扣。二是如果企业当年度实际增提的坏账准备大于按税法规定应增提的坏账准备，或者企业应减提的坏账准备小于按税法规定应减提的坏账准备，均应调整增加应纳税所得额。

采用备抵法核算坏账损失的企业，坏账损失的计提应按年末应收账款余款乘以一定比例与坏账准备科目贷方余款作比较之后计算提取，有些企业在不改变应收账款余额的情况下，采取人为提高或压低提取坏账准备百分比的手法，多提或少提坏账准备，以调节当期利润。

如某企业领导好大喜功，为了在上级主管部门表现自己的贡献，人为地调低坏账准备的提取比例，这样就可以达到少计费用、多计利润的目的；还有的企业为了少缴企业所得税，擅自调高坏账准备的提取比例，以达到多计费用、少计利润、偷逃税款的不法目的，根据会计制度的规定，坏账准备计提比例作为企业的一项会计政策，提取比例有一定的范围限制，并且变更的话要采取相应的调整方法并应在财务报表附注中进行披露，以让报表使用者能更清晰地了解企业的真实情况，而一些企业在提取比例上搞虚假，足以扰乱正常的经济秩序。

采用备抵法核算坏账损失的企业，为了调节盈亏而虚增或虚减管理费用，除了采用提高或压低计提坏账准备金的比率外，还采取调增或调减应收账款数额的手法，多提或少提坏账准备金。

例如，某企业当年效益非常好，但企业领导为了给明年的任务打伏笔，便人为地虚增年末应收账款余额，多提取坏账准备金，多计管理费用；压低本年利润。相反，有些企业领导为了加官晋爵，搞浮夸，虚减年末应收账款余额，少提取坏账准备金，少计管理费用，调高本年利润。

31. 施工企业间的资金拆借

资金拆借是指具有法人资格的金融机构及经法人授权的非法人金融机构、分支机构之间进行的短期资金融通的行为，目的在于调剂头寸和临时资金余缺。资金拆借是金融机构在经营过程中，由于存款和放款汇入和汇出形成资金多余或不足时，以多余补不足，调节准备金，求得资金平衡的有效方式。会计人员要对资金拆借的类型、原则进行充分的掌握，才能避免发生错误。

（1）资金拆借的类型。

根据交易的性质，资金拆借主要分为同业借贷和头寸拆借两种类型。

①同业借贷。

银行等金融机构之间因为临时性和季节性的资金短缺而相互融通调剂，以利业务经营，这就产生了同业借贷。对借入行来说，同业借贷是其扩大资金来源，增加贷款能力以取得更多受益的又一资金来源。对贷出银行来讲，同业借贷是其投放部分闲置资金的手段，可以增强其资产的流动性和收益。同业借贷因其借贷资金额较大，属于金融机构之间的批发业务。

同业借贷与头寸拆借之间的最大区别在于融通资金的用途。同业借贷是调剂临时性、季节性的业务经营资金短缺；头寸拆借则是为了轧平票据交换头寸、补足存款准备金和减少超额准备而进行的短期资金融通。

②头寸拆借。

银行在经营过程中常出现短暂的资金时间差和空间差，出现有的银行收大于支（多头寸），有的银行支大于出的情况（少头寸）的情况。多头寸的银行通过头寸拆借借出多余资金生息，少头寸的银行通过头寸拆借借入资金补足差额。

（2）资金拆借的原则。

资金拆借的原则主要有四个：一是按期归还原则；二是同业参与原则；四是平等互利原则；三是短期使用原则。

①按期归还的原则。

资金拆借双方必须恪守信用，维护各自的信誉。拆入行必须保证按期归还本息，不得借故拖延占用。

②同业参与原则。

作为资金拆借的市场，首先应坚持金融同业参与的原则，参与资金拆借的主体必须是商业银行等金融机构。

③短期使用的原则。

资金拆借是一种短期融资方式。因此，商业银行拆借资金在使用上必须符合临时性余缺调剂的特征，主要应用于解决短期性的资金急需。对于违背短期使用原则，任意改变资金用途的一方，拆出行和市场管理部门有权予以制裁和处罚。

④平等互利的原则。

参加拆借的任何一方都必须遵循“平等互利、自主自愿、恪守信用、短期融通”的原则。在交易中，融通双方都必须自愿协调、自主成交、互惠互利。

（3）企业间的资金拆借。

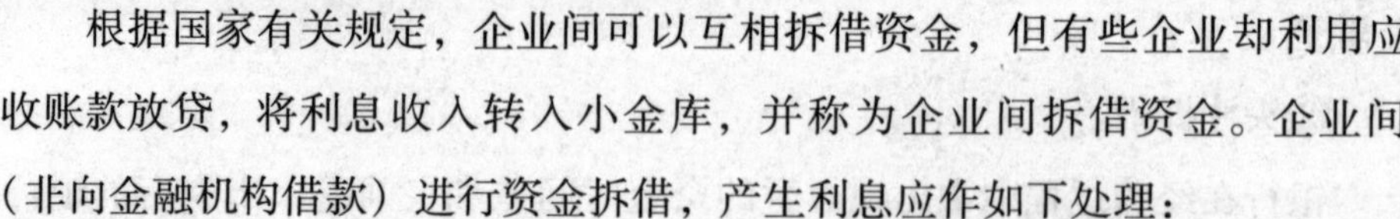

根据国家有关规定，企业间可以互相拆借资金，但有些企业却利用应收账款放贷，将利息收入转入小金库，并称为企业间拆借资金。企业间（非向金融机构借款）进行资金拆借，产生利息应作如下处理：

①借款方。

必须获得对方开具的金融业正式发票，利率不高于同期银行的，可以列财务费用，高于同期利率的，仍列财务费用，高过部分作纳税调整，利息费用资本化的不用调整。

②借出资金方。

向税务机关申请购买金融业发票，将收取的利息额向借款方开具发票。如果借款利率不高于同期银行利率的，可不缴营业税。如果高过了，就高过部分缴纳营业税。

32. 应收票据的核算

应收票据作为一种债权凭证，是指企业因销售商品、产品、提供劳务等而收到的，还没有到期的，尚未兑现的商业汇票，包括商业承兑汇票和银行承兑汇票。根据我国现行法律的规定，商业汇票的期限不得超过6个月，因而我国的商业汇票是一种流动资产。

根据是否带息，应收票据分为带息应收票据和不带息应收票据两种。其借方登记企业收到购买单位开出并承兑汇票或银行承兑汇票的商业汇票，贷方登记票据到期收到的款项，期末借方如有余额，表示尚未到期的票据应收款项的结余额。根据是否带有追索权，商业汇票分为带追索权的商业汇票和不带追索权的商业汇票。追索权是指企业在转让应收款项的情况下，接受应收款项转让方在应收款项遭拒付或逾期时，向该应收款项转让方索取应收金额的权利。

应收票据的贴现是指持票人因急需资金，将未到期的商业汇票背书转让给银行，银行受理后，扣除按银行的贴现率计算确定的贴现息后，将余额付给贴现企业的义务活动。

应收票据账户不设置明细账户，但为了了解每一位应收票据的结算情况，企业应设置应收票据备查簿，逐笔登记应收票据的详细资料。

企业在经济往来中，也采取签发商业汇票进行结算，有些人就在票据上大做文章。这也是会计人员易犯错的点。

按规定，到期不能收回的应收票据，应按其账面余额转入应收账款，并不再计提利息。本已到期的应收票据，因付款方暂无力支付，有些企业便提出以好处费为条件，将应收票据转入应收账款。如甲企业售给乙企业一批商品，价款50万元，经双方约定采用商业承兑汇票结算方式支付货款。甲企业发出商品后，收到了乙企业承兑的不带息商业汇票，即作了账务处理。商业汇票临到期时，乙企业派人与甲企业协商，要求待资金缓解时偿还应付货款，并许诺可给有关人员劳务报酬。甲企业有关人员则为谋取私利，答应对方要求。经商定，乙企业可在一年内付讫货款，条件是按该笔货款同期借款利息15%向甲企业有关人员支付好处费。甲企业收到好处费后，将到期票据转为应收账款。在实际中，还有的企业将不属于应收票据的经济事项列作应收票据处理。或虚减应收票据业务，利用应收票据账户从事舞弊行为。

33. 备用金的核算

其他应收项目主要指企业发生的非购销活动的应收债权。对于这类应收项目，主要在其他应收款账户中核算，如企业发生的各种赔款、存出保证金和备用金等。

备用金（国际上也称暂定金额）是企业、机关、事业单位或其他经济组织等拨付给非独立核算的内部单位或工作人员备做差旅费、零星采购、零星开支等用的款项。备用金应指定专人负责管理，按照规定用途使用，不得转借给他人或挪作他用。预支备做差旅费、零星采购等用的备用金，一般按估计需用数额领取，支用后一次报销，多退少补。前账未清，不得继续预支。对于零星开支用的备用金，可实行定额备用金制度，即由指定的备用金负责人按照规定的数额领取，支用后按规定手续报销，补足原定额。实行定额备用金制度的单位，备用金领用部门支用备用金后，应根据各种费用凭证编制费用明细表，定期向财会部门报销，领回所支用的备用金。对于预支的备用金，拨付时可记入“备用金”（或“其他应收款”）科目的借方；报销和收回余款时记入该科目的贷方。在实行定额备用金制度的单位，除拨付、增加或减少备用金定额时通过“备用金”科目核算外，日常支用报销补足定额时，都无须通过该科目而将支用数直接记入有关成本类科目、费用类科目。

预算单位为办理日常零星开支，需要保持一定数量的库存备用金，一般不超过3～5天零星支付所需现金。各预算单位应根据本单位的业务量、规模大小及零星开支情况提出备用金额度申请，支付中心依据预算单位的申请及具体业务情况审定备用金额度，并签订备用金管理责任书。备用金主要用于小额零星报销费用支出，其使用范围为：除工资统发项目外的国家规定对个人的其他支出；出差人员必须随身携带的差旅费；其他确需支付现金的支出等。

各预算单位领取的备用金应按国务院颁发的《现金管理条例》进行管理，单位所发生的经济往来，除规定的范围可使用现金外，其他应通过银行进行转账结算。

备用金借支管理主要从以下方面着手：

①各部门零星备用金，一般不得超过规定数额，若遇特殊需要应由企业部门经理核准。

②各部门零星备用金借支应将取得的正式发票定期送到财务部门备用金管理人员（出纳员）手中，冲转借支款或补充备用金。

③企业各部门填制“备用金借款单”。一方面，财务部门核定其零星开支，便于管理；另一方面，凭此单据支给现金。

备用金保管流程如下：

①备用金定期根据取得的发票编制备用金支出一览表，及时反映备用金支出情况。

②备用金账户应做到逐月结清。

③备用金收支应设置“备用金”账户，并编制“收、支日报表”送经理。

④出纳人员应妥善保管各种与备用金相关的各种票据。

备用金的管理不论采用何种办法，都应严格备用金的预借、使用和报销的手续制度。

备用金的管理有定额管理和非定额管理两种办法。定额管理，是指按

用款部门的实际需要，核定备用金定额，并按定额拨付现金的管理办法。用款部门按规定的开支范围支用备用金后，凭有关支出凭证向财会部门报销，财会部门如数付给现金，使备用金仍与定额保持一致。一般对用于费用开支的小额备用金，实行定额管理的办法；对用于销售找零用的备用金，按营业柜组核定定额，并拨给现金。各柜组可从销货款中经常保留核定的找零款，不存在支出和报销的问题。非定额管理，是指用款部门根据实际需要向财会部门领款的管理办法。在凭有关支出凭证向财会部门报销时，作为减少备用金处理，直到用完为止。如需补充备用金，再另行办理拨款和领款手续。对用于收购农副产品的备用金，在集中收购旺季时一般采用非定额管理的办法，在淡季零星收购时则采用定额管理的办法，实行交货补款。

总而言之，无论实行哪种管理办法，都要建立健全备用金的领用、保管和报销等手续制度，并指定专人负责经管备用金。经管人员发生变动时，必须办理交接手续，以明确经济责任。这样才能避免发生差错。

备用金的核算，可在“其他应收款”账户内核算，也可单独设置“备用金”账户。它属于资产类账户，借方登记增加数，贷方登记减少数，余额表示库存的备用金数额，并按照领用单位或个人设明细分类账户核算。

某些企业由于备用金领用和报销制度不健全，有关人员就浑水摸鱼，多领备用金或长期占用备用金，将手中的备用金存入银行取得利息，或投资于股票等项目，获取投资收益。有的财务人员也利用职权，私领备用金向有关单位投资或挪作他用，捞取个人好处。

34. 其他应收款的核算

其他应收款是企业应收款项的另一重要组成部分。其他应收款科目核算企业除买入返售金融资产、应收票据、应收账款、预付账款、应收股利、应收利息、应收代位追偿款、应收分保账款、应收分保合同准备金、长期应收款等以外的其他各种应收及暂付款项。其他应收款通常包括暂付款，是指企业在商品交易业务以外发生的各种应收、暂付款项。

企业应设置“其他应收款”科目，核算企业应收票据、应收账款、预付账款等以外的其他各种应收、暂付款项。企业拨出用于投资、购买物资的各种款项，不在“其他应收款”科目核算。实行定额备用金制度的企业，备用金的报销数和拨补数直接记入“管理费用”等科目，不通过“其他应收款”科目核算。

企业发生其他各种应收款项时，借记“其他应收款”科目，贷记有关科目；收回各种款项时，借记“银行存款”等科目，贷记“其他应收款”科目。

其他应收款主要包括：应收的各种赔款、罚款；应收出租包装物租金；应向职工收取的各种垫付款项；备用金（向企业各职能科室、车间等拨出的备用金）；存出保证金，如租入包装物支付的押金；预付账款转入；其他各种应收款项。

其他应收款账户反映的业务较零星、复杂，也就容易为某些企业所利用，也就会出现差错，主要形式有以下几种：

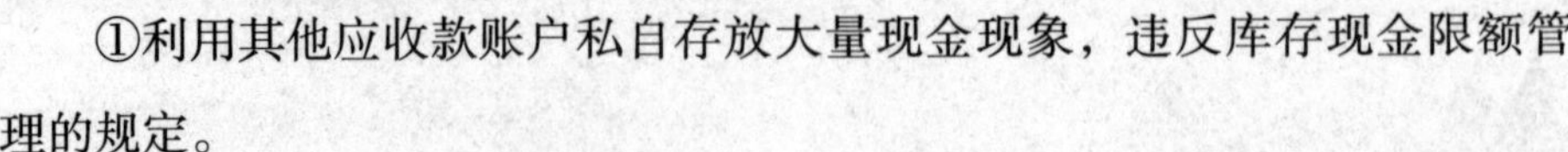

①利用其他应收款账户私自存放大量现金现象，违反库存现金限额管理的规定。

②为牟取暴利、逃避税务工商管理部门的管理，将超出企业经营范围的业务反映在其他应收款账户。

③利用其他应收款账户为其他单位或个人套取现金，在一定程度上为贪污盗窃、损公肥私大开方便之门。

一般情况下，其他应收款作为企业的债权，其占压期不能过长，但在实际工作中，许多企业的其他应收款长期挂账，造成一种不真实的会计信息。

如审计人员在查阅某企业其他应收款明细账时，发现摘要中注明应收傅某赔款的业务，借方发生时间为4年以前，但至今仍挂账未解决，经询问知情人，才知傅某为该企业前任出纳员，因责任事故给企业造成损失，由于各种原因，本应由傅某赔偿的款项一直没有收回，现傅某已调离本单位去向不明，因此，这部分赔款已成为事实上的坏账。但却仍旧挂在企业账上，充作资产，不作坏账损失处理。

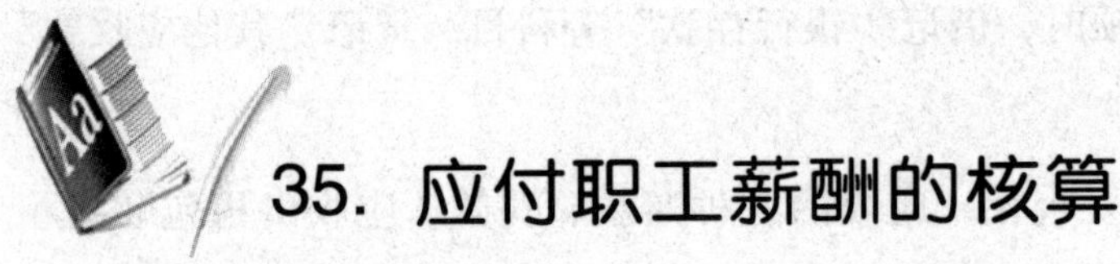

35. 应付职工薪酬的核算

2006年颁布的新《准则》中的应付职工薪酬不是原《准则》应付工资和应付福利费的简单相加。会计人员应仔细阅读这部分，熟练掌握，才能避免发生错误。

（1）职工。

职工是指与企业订立劳动合同的所有人员，含全职、兼职和临时职工；也包括虽未与企业订立劳动合同但由企业正式任命的人员，如董事会成员、监事会成员等。在企业的计划和控制下，虽未与企业订立劳动合同或未由其正式任命，但为其提供与职工类似服务的人员，也纳入职工范畴，如劳务用工合同人员。

（2）职工薪酬。

包括企业为职工在职期间和离职后提供的全部货币性薪酬和非货币性福利。提供给职工配偶、子女或其他被赡养人的福利等，也属于职工薪酬。

（3）养老保险费。

包括根据国家规定的标准向社会保险经办机构缴纳的基本养老保险费以及根据企业年金计划向企业年金基金相关管理人缴纳的补充养老保险费。以购买商业保险形式提供给职工的各种保险待遇，也属于职工薪酬。

（4）非货币性福利。

包括企业以自产产品发放给职工作为福利、将企业拥有的资产无偿提供给职工使用、为职工无偿提供医疗保健服务等。

（5）辞退福利。

即与职工解除劳动合同应付给职工的补偿性福利。

（1）职工薪酬的确认和计量。

在职工为企业提供服务的会计期间，企业应根据职工提供服务的受益对象，将应确认的职工薪酬（包括货币性薪酬和非货币性福利）计入相关资产成本或当期损益，同时确认为应付职工薪酬，但解除劳动关系补偿（下称“辞退福利”）除外。

①计提应付职工薪酬时，国家规定了计提基础和计提比例的，应当按照国家规定的标准计提。

比如，应向社会保险经办机构等缴纳的医疗保险费、养老保险费（包括根据企业年金计划向企业年金基金相关管理人缴纳的补充养老保险费）、失业保险费、工伤保险费、生育保险费等社会保险费，应向住房公积金管理机构缴存的住房公积金，以及工会经费和职工教育经费等。

没有规定计提基础和计提比例的，企业应当根据历史经验数据和实际情况，合理预计当期应付职工薪酬。当期实际发生金额大于预计金额的，应当补提应付职工薪酬；当期实际发生金额小于预计金额的，应当冲回多提的应付职工薪酬。

对于在职工提供服务的会计期末以后一年以上到期的应付职工薪酬，企业应当选择恰当的折现率，以应付职工薪酬折现后的金额计入相关资产成本或当期损益；应付职工薪酬金额与其折现后金额相差不大的，也可按照未折现金额计入相关资产成本或当期损益。

②企业以其自产产品作为非货币性福利发放给职工的，应当根据受益对象，按照该产品的公允价值，计入相关资产成本或当期损益，同时确认应付职工薪酬。

将企业拥有的房屋等资产无偿提供给职工使用的，应当根据受益对象，将该住房每期应计提的折旧计入相关资产成本或当期损益，同时确认应付职工薪酬。租赁住房等资产供职工无偿使用的，应当根据受益对象，将每期应付的租金计入相关资产成本或当期损益，并确认应付职工薪酬。难以认定受益对象的非货币性福利，直接计入当期损益和应付职工薪酬。

（2）辞退福利。

①辞退福利包括的内容。

• 职工劳动合同到期前，不论职工本人是否愿意，企业决定解除与职工的劳动关系而给予的补偿。

• 职工劳动合同到期前，为鼓励职工自愿接受裁减而给予的补偿，职工有权选择继续在职或接受补偿离职。

辞退福利通常采取在解除劳动关系时一次性支付补偿的方式，也有通过提高退休后养老金或其他离职后福利的标准，或者将职工工资支付至辞退后未来某一期间的方式。

②满足《企业会计准则第 9 号——职工薪酬》第六条确认条件的解除劳动关系计划或自愿裁减建议的辞退福利应当计入当期管理费用，并确认应付职工薪酬。

正式的辞退计划或建议应当经过批准。辞退工作一般应当在一年内实施完毕，但因付款程序等原因使部分款项推迟至一年后支付的，视为符合应付职工薪酬的确认条件。

③企业应当根据《企业会计准则第 9 号——职工薪酬》和《企业会计准则第 13 号——或有事项》的规定，严格按照辞退计划条款的规定，合理预计并确认辞退福利产生的应付职工薪酬。对于职工没有选择权的辞退计划，应当根据辞退计划条款规定的拟解除劳动关系的职工数量、每一职位的辞退补偿标准等，计提应付职工薪酬。

企业对于自愿接受裁减的建议，应当预计将会接受裁减建议的职工数量，根据预计的职工数量和每一职位的辞退补偿标准等，按照《企业会计准则第 13 号——或有事项》规定，计提应付职工薪酬。

符合应付职工薪酬准则规定的应付职工薪酬确认条件、实质性辞退工作在一年内完成、但付款时间超过一年的辞退福利，企业应当选择恰当的折现率，以折现后的金额计提应付职工薪酬。

（3）应付职工薪酬的核算。

为了核算企业应付给职工的各种薪酬，在会计科目上应设置“应付职工薪酬”科目，使用本科目时需注意以下几个方面：

①本科目主要核算企业根据有关规定应付给职工的各种薪酬，外商投资企业按规定从净利润中提取的职工奖励及福利基金，也在本科目核算。

②本科目应当按照“工资”、“职工福利”、“社会保险费”、“住房公积金”、“工会经费”、“职工教育经费”、“解除职工劳动关系补偿”、“股份支付”等应付职工薪酬项目进行明细核算。

③“应付职工薪酬”的主要账务处理。

• 企业按照有关规定向职工支付工资、奖金、津贴等，借记本科目，贷记“银行存款”、“库存现金”等科目。

企业从应付职工薪酬中扣还的各种款项（代垫的家属药费、个人所得税等），借记本科目，贷记“其他应收款”、“应交税费——应交个人所得税”等科目。

企业向职工支付职工福利费，借记本科目，贷记“银行存款”、“库存现金”等科目。

企业支付工会经费和职工教育经费用于工会经费和职工培训，借记本科目，贷记“银行存款”等科目。

企业按照国家有关规定缴纳社会保险费和住房公积金，借记本科目，贷记“银行存款”科目。

企业因解除与职工的劳动关系向职工给予的补偿，借记本科目，贷记“银行存款”、“库存现金”等科目。

企业支付租赁住房等资产供职工无偿使用所发生的租金，借记本科目，贷记“银行存款”等科目。

在行权日，企业以现金与职工结算股份支付，借记本科目，贷记“银行存款”、“库存现金”等科目。

• 企业应当根据职工提供服务的受益对象，对发生的职工薪酬分别以下情况进行处理。

生产部门人员的职工薪酬，借记“生产成本”、“制造费用”、“劳务成本”科目，贷记本科目。

管理部门人员的职工薪酬，借记“管理费用”科目，贷记本科目。

销售人员的职工薪酬，借记“销售费用”科目，贷记本科目。

应由在建工程、研发支出负担的职工薪酬，借记“在建工程”、“研发支出”科目，贷记本科目。

因解除与职工的劳动关系给予的补偿，借记“管理费用”科目，贷记本科目。

无偿向职工提供住房等资产使用的，按应计提的折旧额，借记“管理费用”等科目，贷记本科目；同时，借记本科目，贷记“累计折旧”科目。

租赁住房等资产供职工无偿使用的，每期应支付的租金，借记“管理费用”等科目，贷记本科目。

在等待期内每个资产负债表日，根据股份支付准则确定的金额，借记“管理费用”等科目，贷记本科目。

在可行权日之后，根据股份支付准则确定的金额，借记或贷记“公允价值变动损益”科目，贷记或借记本科目。

外商投资企业按规定从净利润中提取的职工奖励及福利基金，借记“利润分配——提取的职工奖励及福利基金”科目，贷记本科目。

④本科目期末贷方余额，反映企业应付职工薪酬的结余。

【例8-2】 某施工企业20××年3月提取现金50 000元发放工资，月份终了，分配本月应付工资总额并计提福利费。其中，生产工人工资

30 000元，车间管理人员工资10 000元，在建工程人员工资7 700元，工会人员工资2 300元，另支付退休人员退休费5 000元，支付职工困难补助1 200元、医药费800元，账务处理如下：

提取现金准备发工资时：

借：库存现金　　50 000

　　贷：银行存款　　50 000

发放工资时：

借：应付职工薪酬——工资　　50 000

　　贷：库存现金　　50 000

支付退休人员工资时：

借：管理费用　　5 000

　　贷：库存现金　　5 000

月终分配工资费用时：

借：生产成本　　30 000

　　管理费用　　12 300

　　在建工程　　7 700

　　贷：应付职工薪酬——工资　　50 000

提取职工福利费时：

借：生产成本　　（30 000×14%）4 200

　　管理费用　　（12 300×14%）1 722

　　在建工程　　（7 700×14%）1 078

　　贷：应付职工薪酬——职工福利　　7 000

支付职工困难补助1 200元、医药费800元，作会计分录：

借：应付职工薪酬——职工福利　　2 000

　　贷：库存现金　　2 000

36. 损益账户的结转

在结转损益账户时，会计人员易在制表、借、贷间发生错误，下面举例说明：12 月 31 日，结转各损益类账户的余额，各损益类账户的余额见表 8 –1。

表 8 –1　　年末损益类账户余额

科目名称	借方余额	贷方余额
主营业务收入		240 000
其他业务收入		32 000
营业外收入		87 000
主营业务成本	160 000	
营业税金及附加	8 000	
其他业务成本	26 000	
销售费用	2 000	
管理费用	27 208. 5	
财务费用	1 500	
营业外支出	1 000	
所得税费用	43 986. 2	

从此表可以看出，期末应将各收益类账户的贷方余额结平，转入“本年利润”账户的贷方；将各费用类账户的借方余额结平，转入“本年利润”账户的借方。会计分录编制如下：

结转各项收益类账户

借：主营业务收入　　240 000

　　其他业务收入　　32 000

　　营业外收入　　87 000

　　贷：本年利润　　359 000

结转各项费用类账户

借：本年利润　　269 694.7

　　贷：主营业务成本　　160 000

　　　　营业税金及附加　　8 000

　　　　其他业务成本　　26 000

　　　　销售费用　　2 000

　　　　管理费用　　27 208.5

　　　　财务费用　　1 500

　　　　营业外支出　　1 000

　　　　所得税费用　　43 986.2

37. 非货币性资产交换的易错点

非货币性资产交换是企业财务人员日常业务处理的易错点，下面举例解析。

（1）非货币性资产交易不涉及补价时如何进行账务处理。

【例8-3】甲施工企业以其产成品A换取乙施工企业产成品B作为固定资产。A账面余额48 000元，公允价值50 000元；B账面余额45 000元，公允价值50 000元。以上金额均不含增值税，计税价格同公允价值。假设交换中除增值税外不涉及其他税费。

如该项交换具有商业实质，且相关资产的公允价值能可靠计量，根据新《准则》，应当以换出资产公允价值和应支付的相关税费作为换入资产的成本，换出资产公允价值与账面价值的差额计入当期损益：

借：固定资产　58 500

　贷：库存商品　48 000

　　应交税费——应交增值税（销项税额）　8 500

　　营业外收入——非货币性交易收益　2 000

纳税处理：按照税法规定，非货币性交易应当分解为按公允价值销售和购进两笔业务进行税务处理。甲施工企业税法上应确认收益：公允价值50 000－账面余额48 000元＝2 000元，与会计上确认的收益相同。那么该收益是否可以在企业所得税申请表附表一第20行“非货币性资产交易收益”中反映呢？根据新所得税申报表填表说明，第20行仅反映“非货币性交易中支付补价的，按照会计准则应确认的收益”，即该行反映的仅是旧准则下涉及补价时确认的收益。这应该是新申报表没有考虑到新准则下可能会确认的收益。新《准则》下确认的收益也应在第20行反映，且此时对该交易不用按视同销售作纳税调整处理，即企业所得税申报表附表一和成本费用明细表中不用反映相应的视同销售收入和成本。

同时，对于换入资产固定资产B，应按换出资产公允价值加上应支付的相关税费，作为其计税成本，计税成本＝50 000＋8 500＝58 500（元），与其会计成本一样，将来在计提折旧时，不用作纳税调整。

如果该项交换不具有商业实质，或用于交换的资产公允价值不能可靠

计量，根据新准则，应当以换出资产账面价值和应支付的相关税费作为换入资产的成本，不确认损益。

借：固定资产　　56 500

　贷：库存商品　　48 000

　　应交税费——应交增值税（销项税额）　　8 500

纳税处理：税法上甲施工企业应确认收益2 000元，而会计上没有反映收益，纳税申报时，应在企业所得税申报表附表一第14行“处置非货币性资产视同销售收入”反映50 000元，同时在成本费用明细表相应行次反映“处置非货币性资产视同销售成本”48 000元，即应调增应纳税所得额2 000元。而第20行“非货币性资产交易收益”不用反映。该资产计税成本58 500元，会计成本56 500元，将来在计提折旧时，累计应调减应纳税所得额2 000元。

（2）非货币性资产交易涉及补价时如何进行账务处理。

【例8－4】承前例，设乙施工企业的产成品B的公允价值为48 000元，乙施工企业另支付3 900元。甲施工企业收到补价占换出资产公允价值比例：3 900÷50 000×100%＝7.8%，小于25%，因此在新旧《准则》下都应按非货币性资产交换处理。

如果该项交换具有商业实质，且用于交换的资产公允价值能可靠计量，根据新准则，按照公允价值和应支付的相关税费作为换入资产成本的情况下，收到补价的，换入资产成本加收到的补价之和与换出资产账面价值加应支付的相关税费之和的差额，应当计入当期损益。

换入资产成本＝换出资产公允价值＋应支付相关税费－补价

＝50 000＋8 500－3 900＝54 600（元）

计入损益金额＝换入资产成本＋补价－（换出资产账面价值＋应支付相关税费）

=（换出资产公允价值 + 应支付相关税费 - 补价） + 补价 - （换出资产账面价值 + 应支付相关税费）

= 换出资产公允价值 - 换出资产账面价值

=50 000 - 4 8000

=2 000（元）

借：固定资产　　54 600

　　银行存款　　3 900

　　贷：库存商品　　48 000

　　　　应交税费——应交增值税（销项税额）　　8 500

　　　　营业外收入——非货币性交易收益　　2 000

纳税处理：同前例，在企业所得税申报表附表一只需反映“非货币性资产交易收益”2 000元，不用反映“处置非货币性资产视同销售收入”。同时，换入固定资产的计税成本与会计价值一样，都是54 600元，将来在计提折旧时，不用作纳税调整。

如果该项交换不具有商业实质，或用于交换的资产公允价值不能可靠计量，根据新准则，企业在按照换出资产的账面价值和应支付的相关税费作为换入资产成本的情况下，收到补价的，应当以换出资产的账面价值，减去收到的补价并加上应支付的相关税费，作为换入资产的成本，不确认损益。

换入资产成本 = 换出资产账面价值 + 应支付相关税费 - 收到的补价

= 48 000 + 8 500 - 3 900 = 52 600（元）

借：固定资产　　52 600

　　银行存款　　3 900

　　贷：库存商品　　48 000

　　　　应交税费——应交增值税（销项税额）　　8 500

纳税处理：同前例，税法上应确认收益2 000元，纳税申报时在企业所

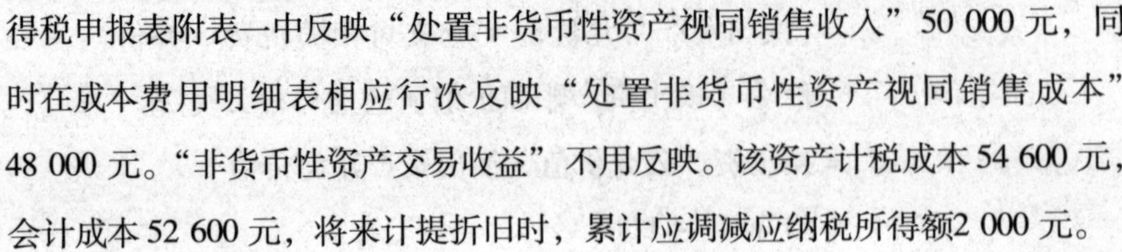

得税申报表附表一中反映“处置非货币性资产视同销售收入”50 000元，同时在成本费用明细表相应行次反映“处置非货币性资产视同销售成本”48 000元。“非货币性资产交易收益”不用反映。该资产计税成本54 600元，会计成本52 600元，将来计提折旧时，累计应调减应纳税所得额2 000元。

38. 一次性补偿的易错点

施工企业与职工签订一年的劳动合同已到期，解除合同应支付职工一次性补贴，这时财务人员在以下方面容易出现差错：一是如该职工继续在公司任职，是否应给予一次性补贴；二是如该职工不再在公司任职一次性补贴给多少，有何依据；三是一次性补贴的账务处理。

其账务处理应遵循以下原则：

①劳动合同期满不属于解除合同范畴。如劳动合同约定合同期满时企业不续签劳动合同应支付一次性补贴的情况下，则企业应支付，补贴多少取决于合同约定。否则，企业并无义务支付一次性补贴。

②由于“应付职工薪酬——福利费”科目核算的内容主要以支付职工医疗卫生费用、职工困难补助及应付的医务、福利人员工资等，因此施工企业支付的一次性补助可以在“应付职工薪酬——福利费”中核算。

③如果施工企业在合同中注明如涉及解除合同事项，应给予一次性补偿，那么公司应当按合同执行。而且劳动合同期满不属于解除合同范畴。如该职工继续在公司任职，不应给予一次性补贴；如给补贴，则应属于其

他支出，与劳动合同本身并无关系。

39. 融资租赁的处理

《企业会计准则第 21 号——租赁》规定，在一项租赁中，如果实质上转移了与资产所有权有关的全部风险和报酬的租赁，则可称为融资租赁。出租人对融资租赁的账务处理为：在租赁期开始日，出租人应当将租赁开始日最低租赁收款额与初始直接费用之和作为应收融资租赁款的入账价值，同时记录未担保余值；将最低租赁收款额、初始直接费用及未担保余值之和与其现值之和的差额确认为未实现融资收益。

融资租赁业务的税务处理方面，国家税务总局《关于融资租赁业务征收流转税问题的通知》（国税函〔2000〕第 514 号）规定，对经中国人民银行批准经营融资租赁业务的单位所从事的融资租赁业务，无论租赁的货物的所有权是否转让给承租方，均按《营业税暂行条例》的有关规定征收营业税，不征收增值税。其他单位从事的融资租赁业务，租赁的货物的所有权转让给承租方，征收增值税，不征收营业税；租赁的货物的所有权未转让给承租方，征收营业税，不征收增值税。

由于在税务处理时，会计人员对概念的混淆，致使会发生偏差。下面举例说明出租方未取得融资租赁权开展租赁业务的会计处理和税务处理。

【例 8 -5】 2007 年 11 月，柯瑞公司（未经中国人民银行批准经营融资租赁业务，属增值税一般纳税人）和乙公司签订了一项租赁合同，由柯

瑞公司出资购入设备一台，以租赁方式租给乙企业。租赁合同规定设备于2008年1月1日运抵乙企业，租赁期为5年，每年年末支付租金35 100元，租赁期满设备归承租企业。2008年1月1日设备运抵乙企业，当日的公允价值为100 000元，预计使用5年。

分析：

第一，判断租赁类型：租赁期届满时，租赁设备的所有权转移给承租人，满足租赁相关规定的，该项租赁应认定为融资租赁。

第二，由于该项租赁合同规定设备的所有权最终转移给承租企业，按税法规定，柯瑞公司的此项租赁行为应纳增值税。在纳税义务时间的确认上，根据《增值税暂行条例实施细则》的规定，对于采取赊销和分期收款方式销售货物，为按合同约定的收款日期的当天。

第三，租赁内含利率为22.3%（计算过程略）。

（1）租赁开始日的会计处理。

最低租赁收款额＝租金×期数＋行使优惠购买权支付的金额

＝35 100×5＋0

＝175 500（元）

借：应收融资租赁款　175 500

　贷：融资租赁资产　100 000

　　递延收益　75 500

（2）未实现融资收益分配的会计处理。

①未确认融资收入分配（实际利率法）：

2009年1月1日，租赁投资净额余额100 000元。

2009年12月31日，租金35 100元，确认的融资收入22 300元，租赁投资净额减少额12 800元，租赁投资净额余额87 200元。

2010年12月31日，租金35 100元，确认的融资收入19 445.6元，租赁投资净额减少额 15 654. 4 元，租赁投资净额余额 71 545. 6 元。

2011 年 12 月 31 日，租金 35 100 元，确认的融资收入 15 954. 67 元，租赁投资净额减少额 19 145. 33 元，租赁投资净额余额 52 400. 27 元。

2011 年 12 月 31 日，租金 35 100 元，确认的融资收入 11 685. 26 元，租赁投资净额减少额 23 414. 74 元，租赁投资净额余额 28 985. 53 元。

2012 年 12 月 31 日，租金 35 100 元，确认的融资收入 6 114. 47 元，租赁投资净额减少额 28 985. 53 元，租赁投资净额余额为 0。

作尾数调整（由于实际利率法不是采用直线法以平均分配的方式确认融资收入，所以最后一年须作尾数调整）：6 114. 47 = 35 100 − 28 985. 53；28 985. 53 = 28 985. 53 − 0。

② 2009 年 1 ~ 12 月，每月确认融资收入时（22 300 ÷ 12 = 1 858. 33）：

借：递延收益——未实现融资收益　　1 858. 33

　　贷：主营业务收入——融资收益　　1 858. 33

（3）2009 年 12 月 31 日，收到第一期租金时：

借：银行存款　　35 100

　　贷：应收融资租赁款　　35 100

借：主营业务收入　　（35 100 ÷ 1. 17 × 17%）5 100

　　贷：应交税费——应交增值税（销项税额）　　5 100

通过上述涉税会计处理，从而实现了“递延收益——未实现融资收益”租赁期内以不含税金额分配。这样处理也符合所得税的处理规定，因按《企业所得税法》的有关规定，应就租赁净收益缴纳所得税。

2009 ~ 2012 年的会计处理分录同 2008 年（2）、（3），只是递延收益的计量金额须按实际利率法确认的租期内各租金收取期应分配的未实现融资收益金额计量。

另外，整个租赁期企业开展此项融资租赁实际缴纳增值税 = 35 100 ×

5 ÷（1 + 17%）× 17% − 100 000 × 17% = 8 500（元）。

40. 实收资本、投入资本与注册资本的区分

往往会计人员在对实收资本、投入资本与注册资本进行核算时，不能很好的区分开来，就会产生错误。

实收资本是指投资者按照企业章程或合同、协议的约定实际投入资产的价值，是所有者权益的重要组成部分，是企业设立的必备条件，也是企业从事正常生产经营活动所必需的基本资金。

投入资本与实收资本是同一过程的两个方面。实收资本是投资者投资额在企业资产中的具体体现。

我国目前实行的是注册资本制度。《企业法人登记管理条例》规定，除国家另有规定以外，企业的注册资本应当与实收资本相一致。因而，在投资者足额缴纳资本之后，企业实收资本应该等于企业的注册资本。

41. 研发支出的核算

依照相关的规定，企业内部研究开发项目的支出，应当区分研究阶段

支出与开发阶段支出。企业内部研究开发项目研究阶段的支出，应当于发生时记入当期损益。企业内部研究开发项目开发阶段的支出，同时满足一定条件的，才能确认为无形资产。然而在实务工作中由于种种原因，会计人员常常将企业研发支出全部费用化，造成研究和开发当期企业的费用增加，利润减少，并使无形资产的账面金额远远低于其真实价值，导致了会计信息失真。

一般地说，研究是指为获取并理解新的科学或技术知识而进行的独创性的有计划调查。开发是指在进行商业性生产或使用前，将研究成果或其他知识应用于某项计划或设计，以生产出新的或具有实质性改进的材料、装置、产品等。企业自行研究开发无形资产的支出，进行费用化还是资本化的处理对企业总资产的账面价值会产生很大的影响，些许的偏差，也会令会计人员在这方面发生差错。

【例8-6】 A建筑公司研发新产品专利技术。在研发过程中，发生材料费5 000万元，人工工资2 000万元，其他费用4 000万元，研发总支出11 000万元，其中有一部分是符合资本化条件的支出。公司财务人员王红不知道这其中有多少是资本化的支出，也不知道如何区分研究阶段的支出与开发阶段的支出。最后，王红擅自作了如下会计处理：

借：管理费用	110 000 000
贷：原材料	40 000 000
应付职工薪酬	20 000 000
银行存款	40 000 000

（1）研发支出的主要账务处理。

①企业以其他方式取得的正在进行中研究开发项目，应按确定的金额，借记本科目（资本化支出），贷记“银行存款”等科目。以后发生的研发支出，应当比照②规定进行处理。

②企业自行开发无形资产发生的研发支出，不满足有关规定的资本化条件的，借记本科目（费用化支出），满足有关规定的资本化条件的，借记本科目（资本化支出），贷记“原材料”、“银行存款”、“应付职工薪酬”等科目。

③研究开发项目达到预定用途形成无形资产的，应按本科目（资本化支出）的余额，借记“无形资产”科目，贷记本科目（资本化支出）。

期末，企业应将本科目归集的费用化支出金额转入“管理费用”科目，借记“管理费用”科目，贷记本科目（费用化支出）。

本科目期末借方余额，反映企业正在进行中的研究开发项目中满足资本化条件的支出。

根据上面的思路，假设上述施工企业得出应该资本化的支出有6 000万元，那么，公司财务人员王红应作如下会计处理：

研发过程中：

借：研发支出——费用化支出　　50 000 000

　　　　　　——资本化支出　　60 000 000

　　贷：原材料　　50 000 000

　　　　应付职工薪酬　　20 000 000

　　　　银行存款　　40 000 000

期末：

借：管理费用　　50 000 000

　　无形资产　　60 000 000

　　贷：研发支出——费用化支出　　50 000 000

　　　　　　　　——资本化支出　　60 000 000

（2）在实务工作中，研究阶段与开发阶段的划分是一个难题。王红由于知识和经验的欠缺最终没能将二者区分开来。结果将企业研究阶段支出与开发阶段支出全部费用化，造成记账错误。

（3）研究阶段与开发阶段的划分具体地应通过以下两种途径来确定：

①聘请有关专家（如工程技术人员）给予帮助；

②根据这两个阶段的关系（见表8－2）进行区分。

表8－2　　研究阶段支出与开发阶段支出的关系

项　目	研究阶段的支出	开发阶段的支出
目标不同	研究新产品、新技术	建立在研究阶段的基础上，把研究阶段的成果转换成生产力
对象不同	实验室	车间、厂房
风险不同	不确定性，可能成功，可能失败，失败的可能性还很大	生产、市场的风险
结果不同	科学研究的成果	现实生产力

（4）研究阶段支出与开发阶段支出核算的原则。

因为研究阶段的支出，失败的次数多于成功的次数，本着稳健原则，企业内部研究开发项目研究阶段的支出，应当于发生时记入当期损益（管理费用）。

开发阶段的支出，符合一定的条件，资本化记入无形资产；不符合条件的，设置一个新的科目——研究开发支出，进行归集费用的支出，等到期末这笔费用支出如符合资本化的条件，就转入无形资产，如仍不符合条件就转入管理费用。

在会计核算时引入“研发支出”会计科目。此科目核算企业进行研究与开发无形资产过程中发生的各项支出，按照研究开发项目，分别“费用化支出”与“资本化支出”进行明细核算。

研发支出并不是全部费用化，应区别情况对待。企业内部研究开发项目研究阶段的支出，应当费用化；企业内部研究开发项目开发阶段的支出，同时满足下列条件的，才能确认为无形资产：

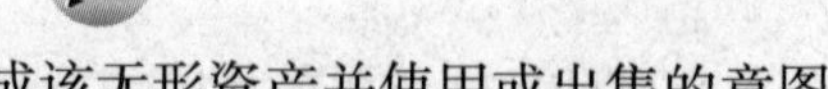

①具有完成该无形资产并使用或出售的意图。

②完成该无形资产以使其能够使用或出售在技术上具有可行性。

③无形资产产生经济利益的方式，包括能够证明运用该无形资产生产的产品存在市场或无形资产自身存在市场，无形资产将在内部使用的，应当证明其有用性。

④归属于该无形资产开发阶段的支出能够可靠地计量。

所以，企业内部研究开发项目开发阶段的支出可能资本化，也可能费用化，应区别情况对待。如果确实不能区分资本化与费用化的比重，就不做资本化与费用化的细分；一旦有条件，就一定要正确区分开研究阶段的支出与开发阶段的支出。然后按照研究阶段支出与开发阶段支出核算的原则及研发支出的账务处理程序进行正确的核算。

⑤有足够的技术、财务资源和其他资源支持，以完成该无形资产的开发，并有能力使用或出售该无形资产。

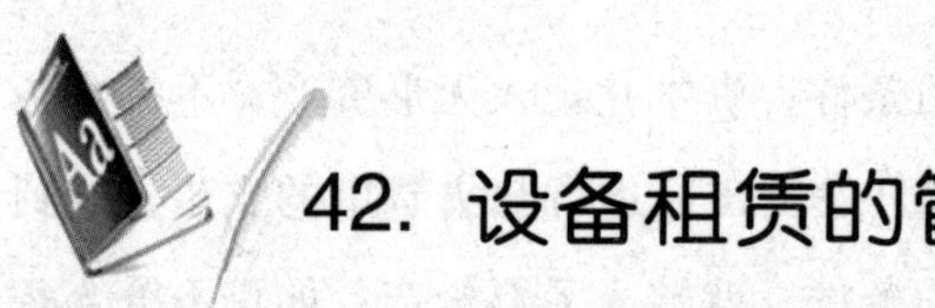

42. 设备租赁的管理

在施工工程招投标的激烈竞争中，企业为了提高中标的可能性，首先要靠技术装备水平来取胜，需使用的设备可通过购置或租赁方式实现。对于大多数企业而言，购买大型化、科技含量高、专用性强、价格昂贵的施工设备常常能力有限。即使对有实力购入设备的企业，也会造成大量流动资金的占用，增加生产成本，给企业带来很大的经济压力，从而使其失去竞争优势。因此，工程机械设备租赁，特别是技术含量高、资金占用量大的机械设备租赁，与购买方式相比具有很强的低成本优势。然而，许多施工企业对租赁的意义认识不够，仍倾向于购买而不是租赁设备。有些施工企业进行了租赁，但对租赁的管理存在诸多弊端，如签订合同的法律意识不强、严重拖欠租赁业的租赁款、缺乏对租用设备的施工管理等。这些方面正是会计人员易犯错的地方，下面举例说明应该如何正确的处理。

【例8-7】B建筑公司随着业务的扩大，需要为一工程项目增加施工设备。

由于目前单位资金比较紧张，总经理决定找租赁公司租赁施工设备。

租赁过程中，技术人员因对工程认识上的偏差，提供了错的决策依据和租赁方案。由于对工程地质情况调查了解不准，本应租用T140推土机却租用了TY220推土机，平添了支出费用。在使用过程中，负责人不重视设备的现场管理，对设备超负荷使用，不注重维护，同时，还严重拖欠租赁公司的租赁款。

项目结束，对该项租赁经营作效益分析时发现，由于事前对情况估计不足，认为租用设备比较合算，但在施工中由于种种原因，返工延长了租赁时间，增大了工作量，最后计算下来，租赁费超过了设备的购置费。

所谓设备租赁，是指在约定的期间内，出租人将设备的使用权转让，承租人以支付租金为代价获得设备的使用权，出租人取得收益权的行为。其特征是转移设备的使用权，不转移设备的所有权；承租人支付租金，出租人获得收益。施工设备特点使施工企业倾向于租赁工程所用的机械设备。施工设备的特点有以下几个方面：

①技术结构复杂。设备租赁公司可以提供设备的全面服务，省却了工程承包商很大的精力。

②购买施工设备投资额大。购买施工设备的投资额一般都很大，一台机械十几万元、几十万元到几百万元，有的甚至上千万元。工程承包商购

买施工设备后转化为固定资产，要按时提取折旧，今后工程的不确定性，增加了企业的潜在负债率。由于设备租赁公司集中投资，可以节省购买资金，规避投资风险。

③露天作业。由设备租赁公司提供带有技术熟练操作者的施工设备，能保证及时有效的维修服务，甚至适时调换同类型的设备。这些对工程承包商而言，就意味着省时、省事甚至省钱。

④工地流动性大。如果这些设备能够就近承租，就可以减少因为工地转移而造成的麻烦和经济损失。

上述施工企业在进行工程设备租赁时，存在盲目性，随意性，结果造成租赁失误。

（1）设备租赁前未进行科学的决策和选择。一般来讲，设备的纯租赁费（去除油料费、人工费、管理费等）超过设备购置费的40%～50%，租用设备就不如购置设备合算。设备管理人员应熟悉各种设备的性能、特点和优劣，掌握市场行情、信息，并将掌握的信息和建议及时汇报给决策层。设备管理人员对所选设备应认真考察，不仅要了解设备，即掌握是否确实有这种设备，距工地远近，以及设备的状况等，还要了解操作人员的技术水平是否影响工作效率。掌握这些情况可为设备的选择和合同谈判提供重要依据。租赁设备忌舍近求远，近处能解决问题就不到远处租，远租不但增加费用，而且出租方管理人员往往不在现场，承租方对其人员难于管理，许多设备故障不能及时得到解决。

（2）施工企业对租赁的意义认识不够，不能将工程设备租赁企业作为真正的战略合作伙伴看待。对于大多数施工企业来说，租赁公司仅被看做所需施工设备的提供方、工程的附属者，很少有施工企业会在意对所租赁设备的爱惜使用，所在意的是将设备的使用尽可能发挥到极限。

（3）签订合同的法律意识不强。第一种是出租的设备租期不长，对签订合同嫌麻烦；第二种是对曾经有过合作且履约没出过纠纷的单位，只需凭对方口头承诺即可；第三种是出租方急于抢下业务，迫切成交。以上几种情况都可能会为后续的工作带来隐患。

租用设备管理，需要多个业务部门齐抓共管，具体应做到以下几方面：

第一，加强租赁合同管理。租赁合同的制定应遵照《合同法》和企业内部有关管理规定进行，本着高度负责的精神，充分为本单位利益和经济效益着想。其内容除了主要保障施工生产以外，还应根据生产中可能出现的问题、纠纷和各种租赁方式存在的弊病，尽可能地在合同条款和管理上予以弥补，同时明确双方的责任、权利、义务，便于施工管理，避免各类纠纷。

第二，设备租赁前的决策和选择。设备租赁应根据工程特点，结合工期要求，在认真调查研究的基础上，本着降低成本的原则，不贪大求洋，一哄而上，盲目租进。主管领导、工程技术人员及设备管理人员，应重视对工程任务进行科学准确的分析和认真仔细的研究，制订正确的施工方案和准确的施工计划，以供租赁决策。

第三，加强租用设备的施工管理。合同生效，设备上场之后，应进行十分重要的施工管理。各管理部门应切实重视承租设备的使用管理，科学合理地制订和实施施工方案，制定完善、有效的租赁设备管理办法，并在使用中紧密协作，各司其职，认真落实，防止租、管、用脱节的现象发生。

43. 系统化成本控制

随着社会主义市场经济的不断发展，建设工程招投标已经成为建筑市场

中建设单位与施工单位进行公开交易的载体，建筑市场的竞争也突出地体现在了价格竞争上。在这种情况下，施工企业要提高市场竞争力，就必须在项目施工中以尽量少的物化消耗和活劳动消耗来降低企业成本，把影响企业成本的各项耗费控制在计划范围内。然而，在施工实践中，人们往往重视施工生产环节的成本控制，而忽视事前的控制和事后的分析；重视采用财务手段去控制成本，而忽视从技术手段去减少成本支出；重视显性施工成本的控制，而忽视隐性施工成本的控制。成本控制是一项系统工程，涉及企业的方方面面，单纯地从某一方面去进行成本控制往往难以达到理想的效果。在成本控制过程中，企业要树立全局观念，采用系统全面的措施从多环节、多角度对施工成本进行控制，才能实现降低生产成本的目标。

成本控制就是利用会计所提供的各种信息资料，计算实际或预计脱离目标的差异，找出产生差异的原因，并采取措施，消除不利差异，保证目标实现的过程。成本控制往往贯穿于企业生产经营的全过程。凡是企业的生产经营活动涉及价值运动，都包括在成本控制的范围之内，其基本内容包括：施工生产前预测阶段的成本控制；施工组织设计阶段的成本控制；材料采购、供应阶段的成本控制；施工生产阶段的成本控制等。在施工生产过程中，前期工作环节的结果往往后成为后续环节生产结果的原因。

【例8-8】某公司的公路项目部2009年3月承担了甲、乙两个标段总共20公里的公路施工任务，工期一年。由于两个标段距离较远，项目部对它们分别组织施工，财务上地将它们作为两个核算对象进行会计核发算。工程竣工后，项目部主管小云在对两个标段的施工生产成本进行分析的时候，发现甲标段完成的12公里公路，平均成本为1 500万元；相比较而言，乙标段完成的8公里公路平均成本为1 700万元。通过分析，小云发现两个标段在施工方法、现场管理方面都没有太大的区别，而导致成本差异的主要原因在于工程主要材料水泥的进价上。乙标段所用水泥每袋要高出3元，这个是导致其成本偏高的主要原因。

由此看来：成本的形成不仅在于形成过程，还在于形成的原因。成本控制之所以要贯穿于企业生产经营的全过程，就是因为企业的生产过程其实只是成本费用的形成过程，施工生产成本的形成动因在生产开始之前就产生了。在承接工程项目之前，企业可采取风险预测技术，对工程项目的可行性进行风险评估，将风险降至最低限度利用价值工程、分析工程的功能要求，在保证工程质量的前提下，提出各种施工方案，并从技术和经济上进行对比评价对工程进行功能分析，在对材料进行性能分析的基础上力求先用价格低的材料，通过诸如改变配合比，使用添加剂等技术手段降低材料消耗费用；通过建立分包商、材料商资料库，来选择合适的分包商和材料商，也可对分包商、材料商采用招投标，实行“货比三家”，选择经济实力强和有现场管理经验，技术力量好，有熟练工人的分包商，以及产品质量好，供货时间有保证，信誉好的材料商。

由于企业经济活动的复杂性以及受外界条件的影响，使得成本控制的控制目标既可以朝着这个方向发展，也可以朝着那个方向发展。如果被控的对象仅有向一种方向发展的可能性，也就不需要进行控制了。成本控制方案具有可选择性，既然成本控制的被控对象存在多种发展的可能性，因此，可以采取一定的控制方法，使之朝着所选定的方向发展，这也是实施控制的主要目的。在成本控制过程中，为了对某项经济业务实施控制，可提出若干成本控制的模型、方法等方案以供选择。提出供选择方案的多少、好坏，方案选择是否准确，是反映成本控制人员素质高低的重要标志。成本控制具有全面性、连续性和系统性的特点。成本控制的全面性表现在它对企业生产经营的整个过程、每个环节都要实施控制。成本控制主要是对生产经营过程中涉及成本费用的经济业务进行控制，而在企业的生产经营的整个过程、每个环节都涉及这些业务。所以，成本控制深入到企

业生产经营的每一个环节，对生产经营活动进行着全面的控制；成本控制的连续性表现在它对企业生产经营过程的控制不是间断的，而是连续进行的。企业的会计工作是建立在各种假定基础之上的，持续经营假设是一项重要的会计原则。既然企业是连续经营的，成本控制所需要的信息也是连续不断的，成本控制连续性的特点是其他控制系统无法比拟的；成本控制的系统性表现在它是从系统的角度进行控制的，也就是说它在实施成本控制时，不是从局部的利益出发，而是要统筹兼顾、相互联系、协调平衡各方面的关系，从整个企业的角度进行控制的。

成本控制应该是全员成本控制而绝不只是工程预算人员和财务人员的任务，也不仅仅是财务部和项目部的事，而是全体建设参加者的共同任务。它涉及各个部门，如项目部门、财务部门、技术部门、安全部门、计划统计部门、人事部门等。成本控制要做到全员参与，树立全员的成本意识。成本控制要对整个项目的寿命周期进行控制管理，而绝不仅仅是在项目生产中的事中控制，还应该包括事前控制、事后控制。在整个工程运行过程中，要正确处理好质量、工期与成本关系，努力提高资金使用效率，降低财务成本和管理成本。

第9章　施工企业报表编制易错点

本章主要内容

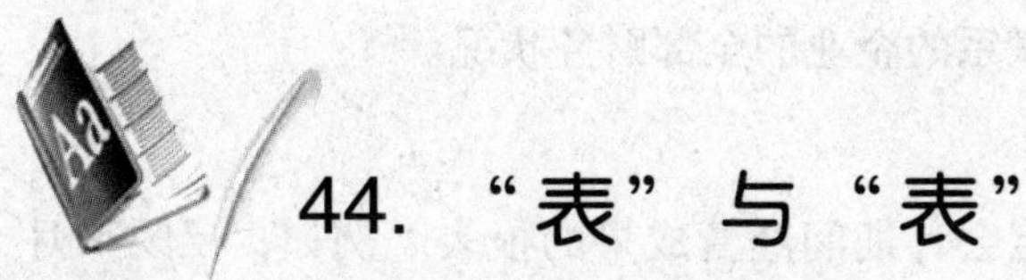

44. “表”与“表”

会计人员要熟悉财务报表，对他们之间的关系也要很好的掌握，这样才能更好的核算，避免出现差错。

44.1 几大财务报表

我国现行会计制度规定，企业向外提供的财务报表包括资产负债表、利润表、现金流量表、资产减值准备明细表、利润分配表、所有者权益变动表、分部报表和其他有关附表。

(1) 资产负债表。

资产负债表亦称财务状况表，表示企业在一定日期（通常为各会计期末）的财务状况（即资产、负债和业主权益的状况）的主要财务报表。资产负债表利用会计平衡原则，将合乎会计原则的“资产、负债、股东权益”交易科目分为“资产”和“负债及股东权益”两大区块，在经过分录、转账、分类账、试算、调整等等会计程序后，以特定日期的静态企业情况为基准，浓缩成一张报表。其报表功能除了企业内部除错、经营方向、防止弊端外，也可让所有阅读者于最短时间了解企业经营状况。资产负债表必须定期对外公布和报送外部与企业有经济利害关系的各个集团（包括股票持有者，长、短期债权人，政府有关机构）。当资产负债表列有

上期期末数时，称为“比较资产负债表”，它通过前后期资产负债的比较，可以反映企业财务变动状况。根据股权有密切联系的几个独立企业的资产负债表汇总编制的资产负债表，称为“合并资产负债表”。它可以综合反映本企业以及与其股权上有联系的企业的全部财务状况。

（2）利润表。

利润表是反映企业在一定会计期间经营成果的报表。例如，反映1月1日至12月31日经营成果的利润表。由于反映的是某一期间的情况，所以，利润表又称为动态报表。有时，利润表也称为损益表、收益表。利润表主要提供有关企业经营成果方面的信息。通过利润表，可以反映企业一定会计期间的收入实现情况，即实现的主营业务收入有多少、实现的其他业务收入有多少、实现的投资收益有多少、实现的营业外收入有多少等等；可以反映一定会计期间的费用耗费情况，即，耗费的主营业务成本有多少，主营业务税金有多少，营业费用、管理费用、财务费用各有多少，营业外支出有多少，等等；可以反映企业生产经营活动的成果，即净利润的实现情况，据以判断资本保值、增值情况。将利润表中的信息与资产负债表中的信息相结合，还可以提供进行财务分析的基本资料，如将赊销收入净额与应收账款平均余额进行比较，计算出应收账款周转率；将销货成本与存货平均余额进行比较，计算出存货周转率；将净利润与资产总额进行比较，计算出资产收益率等，还可以表现企业资金周转情况以及企业的盈利能力和水平，便于财务报表使用者判断企业未来的发展趋势，作出经济决策。

利润表分项列示了企业在一定会计期间因销售商品、提供劳务、对外投资等所取得的各种收入以及与各种收入相对应的费用、损失并将收入与费用、损失加以对比结出当期的净利润。这种将收入与相关的费用、损失进行对比，结出净利润的过程，在会计上称为配比。其目的是为了衡量企业在特定时期或特定业务中所取得的成果，以及为取得这些成果所付出的代价，为考核经营效益和效果提供数据。比如分别列示主营业务收入和主营业务成本、主营业务税金及附加并加以对比，得出主营业务利润，从而掌握一个企业主营业务活动的成果。配比是一项重要的会计原则，在利润表中得到了充分体现。

（3）现金流量表。

现金流量表也叫账务状况变动表，所表达的是在一固定期间（通常是每月或每季）内，一家机构的现金（包含现金等价物）的增减变动情形。现金流量表的出现，主要是要反映出资产负债表中各个项目对现金流量的影响，并根据其用途划分为经营、投资及融资三个活动分类。现金流量表可用于分析一家机构在短期内有没有足够现金去应付开销。

现金流量表是一份显示于指定时期（一般为一个月、一季度，主要是一年的年报）的现金流入和流出的财务报告。这份报告显示资产负债表及利润表如何影响现金和等同现金，以及根据公司的经营，投资和融资的状况作出分析。作为一个分析工具，现金流量表的主要作用是决定公司短期生存能力，特别是缴付账单的能力。

过去的企业经营都强调资产负债表与损益表两大报表，随着企业经营的扩展与复杂化，对财务信息的需求日见增长，更因许多企业经营的中断肇因于资金的周转问题，渐渐地，报道企业资金动向的现金流量也获得许多企业经营者的重视，将之列为必备的财务报表。

现金流量表是反映一家公司在一定时期现金流入和现金流出动态状况的报表。其组成内容与资产负债表和损益表相一致。通过现金流量表，可以概括反映经营活动、投资活动和筹资活动对企业现金流入流出的影响，对于评价企业的实现利润、财务状况及财务管理，要比传统的损益表能提供更好的依据。

现金流量表为我们提供了一家公司经营是否健康的证据。如果一家公司经营活动产生的现金流无法支付股利与保持股本的生产能力，从而它得用借款的方式满足这些需要，那么这就给我们一个警告，这家公司从长期来看无法维持正常情况下的支出。现金流量表通过显示经营中产生的现金流量的不足和不得不用借款来支付无法永久支撑的股利水平，从而揭示了公司内在的发展问题。

（4）所有者权益变动表。

所有者权益变动表是反映公司本期（年度或中期）内至截至期末所有者权益变动情况的报表。2007年以前，公司所有者权益变动情况是以资产负债表附表形式予以体现的。新《准则》颁布后，要求上市公司于2007年正式对外呈报所有者权益变动表，所有者权益变动表将成为与资产负债表、利润表和现金流量表并列披露的第四张财务报表。

根据有关会计制度的规定，在单位对外提供的一些报表之间必须存在一定的勾稽关系。财务报表项目之间基本钩稽关系包括：资产 = 负债 + 所有者权益；收入 - 费用 = 利润；现金流入 - 现金流出 = 现金净流量；资产负债表、利润表及现金流量表分别与其附表、附注、补充资料等相互钩稽等。在财务报表基本勾稽关系中，前三项钩稽关系，分别是资产负债表、利润表及现金流量表的基本平衡关系，一般没有问题。但是从调查程序上还是应予以必要的关注。

44.2 表与表之间的关系

（1）资产负债表与利润表间钩稽关系。

根据资产负债表中短期投资、长期投资，复核、匡算利润表中“投资收益”的合理性。如关注是否存在资产负债表中没有投资项目而利润表中却列有投资收益，以及投资收益大大超过投资项目的本金等异常情况。

根据资产负债表中固定资产、累计折旧金额，复核、匡算利润表中“管理费用——折旧费”的合理性。结合生产设备的增减情况和开工率、能耗消耗，分析主营业务收入的变动是否存在产能和能源消耗支撑。

利润及利润分配表中“未分配利润”项目与资产负债表“未分配利润”项目数据钩稽关系是否恰当。注意利润及利润分配表中，“年初未分配利润”项目“本年累计数”栏的数额应等于“未分配利润”项目“上年数”栏的数额，应等于资产负债表“未分配利润”项目的期初数。

（2）现金流量表与资产负债表、利润表相关项目的钩稽关系。

资产负债表“货币资金”项目期末与期初差额，与现金流量表“现金及现金等价物净增加”钩稽关系是否合理。一般企业的“现金及现金等价物”所包括的内容大多与“货币资金”口径一致；销售商品、提供劳务收到现金 =（主营业务收入 + 其他业务收入）×（1 + 17%）+ 预收账款增加额 - 应收账款增加额 - 应收票据增加额；购买商品、接受劳务支付现金 =（主营业务成本 + 其他业务成本 + 存货增加额）×（1 + 17%）+ 预付账款增加额 - 应付账款增加额 - 应付票据增加额。

然而，在审计人员的审计中发现，单位表表不符的现象却是屡见不鲜的。例如，某会计师事务所的审计人员在对一施工企业年度报表审计中就发现这样的问题，该施工企业近年来未进行任何长、短期的投资，资产负债表中长、短期投资均为零，但在损益表的投资收益项目中却记了 100 万元，经检查该企业投资收益账户，发现企业投资收益来源于一笔装修业务，企业为了逃避营业税，而将装修收入列入投资收益，造成表表不符。

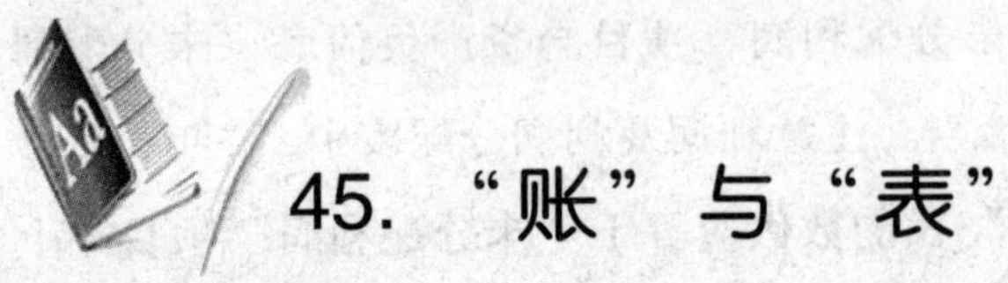

45. “账”与“表”

会计人员在做财务报表时，往往会发现与账簿不符，这也是最易出现差错的点。

财务报表是根据会计账簿分析填列的，其数据直接或间接来源于会计账簿所记录的数据，因此，账表必须相符。会计法要求账表相符，是指会计账簿与财务报表有关的内容相符。财务报表是对会计核算工作的全面总结，也是及时提供真实、准确、完整会计信息的重要环节。实际工作中存在的会计信息失真问题，在很大程度上是在编制财务报表这一环节故意所为或者因技术上的差错造成的。因此，各单位应当根据经过审核的会计账簿记录和有关资料编制财务报表，切实做到有根有据，不得估列代编，并在此基础上定期将会计账簿记录与财务报表之间的有关内容相互核对，做到账表相符。

但在审计人员的审计过程中：发现账表不相符的情况却比比皆是。如某单位为了增大管理费用，直接在损益中多计管理费用10万元，在资产负债表中同时增大应收账款和坏账准备金额，造成账表不符。

46. 年报的编写

46.1 往来账款

在编制年末财务报表时，要在资产负债表中填列“应收账款”和“应付账款”项目，小陈直接按该科目余额进行了填列。

小陈的做法是一些会计人员经常犯的错误。

“应收账款”项目，反映因销售商品、产品和提供劳务而应向购买方和接受劳务方收取的各种款项。如果施工企业没有预收账款业务，“应收账款”项目应根据该账户的期末余额填列；如果有预收账款业务并且企业没有设置“预收款项”账户时，“应收账款”项目应根据所属各明细账的期末借方余额合计填列；如果单独设置了“预收款项”账户的，并且该账户有借方余额时，“应收账款”项目应根据“应收账款”账户的借方余额与“预收款项”账户借方余额的合计填列。

“预收款项”项目，反映施工企业预收购买单位的货款。如果单独设置“预收款项”账户时，可以直接根据“预收款项”账户与“应收账款”账户所属的明细账贷方余额合计填列。如果没有单独设置“预收款项”账户，应根据“应收账款”所属明细账的期末贷方余额填列。

“应付账款”项目，反映施工企业购买材料或接受劳务而应付给供应单位的款项。应根据“应付账款”账户的期末余额填列。如果通过“应付

账款”账户核算有预付款项的内容；如果“预付款项”账户表现为贷方余额，则“应付账款”项目应根据“应付账款”、“预付款项”账户所属明细账的贷方余额的合计数填列。

“预付款项”项目，反映施工企业预付给供应单位的款项。如果单独设置“预付款项”账户时，可以直接根据“预付款项”账户与“应付账款”账户所属的明细账借方余额合计填列。如果没有单独设置“预付款项”账户，应根据“应付账款”所属明细账的期末借方余额填列。

资产方应收账款项目金额＝“应收账款”明细账借方余额＋“预收款项”明细账借方余额（假定不考虑坏账准备）

负债方预收账款项目金额＝“应收账款”明细账户贷方余额＋“预收款项”明细账户贷方余额

资产方预付账款项目金额＝“预付款项”明细账户借方余额＋“应付账款”明细账户借方余额

负债方应付账款项目金额＝“应付账款”明细账户贷方余额＋“预付款项”明细账户贷方余额

为了加强记忆，也可以：

两收合一收，借贷分开走。

两付合一付，各走各的路。

比如某个施工企业只设置了“应收账款”、“应付账款”账户，而没有设置“预收款项”、“预付款项”账户。其“应收账款”账户有两个明细账户，余额分别是借方400和贷方700，“应付账款”账户也有两个明细账户，余额分别是借方500和贷方600，则根据口诀可以迅速计算出“应收账款”、“预付款项”、“应付账款”、“预收款项”这四个项目的金额依次分别为400、500、600、700。

46.2 年度报告

法律规定，年度报告一方面要遵守法律；另一方面又必须以很高的技术性方式披露事实。而要在“遵守”和“披露”之间达到平衡，就必须清晰地披露公司中正在发生什么，而且披露的必须是有用的信息。这正是年度报告撰写中的挑战所在。年度报告可总结为七个内容、三个作用、二个要素，向利益相关者传播公司形象。

（1）年报的七个部分内容。

年度报告的组成部分为公司提供了与政府管理者、分析师和投资者交流的渠道。这些内容分为七个部分。

①董事长的信。

大多数公司都强调董事长或 CEO 的信。这封“致股东的信”是来自公司最高管理者的直接信息，讨论了过去一年内的关键变化、大事件以及运营情况。信的目的是对所有的情况表示肯定的态度。

朗讯 2004 年度“致股东的信”是这样开头的：“2004 财政年度是我们公司至关重要的一年。自从 2000 年以来，我们第一次公布盈利，实现了年收入增长，还从运营中产生了正现金流。而且，我们为下一代通讯提出了清晰的愿景，培养了使我们成为客户中意的工作伙伴所需要的能力。我们这些成绩是通过不断关注市场的增长机遇，严格地执行、控制成本和支出而取得的。”

柯达 2004 年度报告在其“管理层的信”中有几段非常乐观的介绍文字：“在实施数字转换战略的第一年，柯达迅速起飞了——而且我们还一直保持着这个势头。”“从强劲的数字业务收入增长，到对传统业务衰退的有效管理，再到完成数字收购计划，所有这些成果都证明，我们正在建立面向未来的更加多样化、更加精益、更加强盛的柯达。”

“简言之，我们的战略已经上了正轨。”

②市场和营销方案。

年度报告的另一部分则是照片，照片内容是快乐的员工、干净整洁的生产车间和整齐码放在仓库的产品。公司往往把最棒的标语和口号放在这个部分。通用汽车公司的“把握方向，展望前途”（hands on the wheel, eyes on the road）就是个绝佳的例子。这个口号放在一辆新车的动态照片之上。通用汽车2004年度报告还有几个口号，如“激情飞驾”（driven to excite）等。

摩托罗拉公司的“Why Motorola? Why now? What's next?”这种标语形式的广告促销是年度报告的简介、封面和市场部分中经常用到的。

市场描述部分尤其有助于让人们了解公司业务的多样性。例如，很多人不知道拥有著名Philli Morris烟草品牌的Altria集团旗下还有Kraft食品公司，也不知道柯达集团旗下拥有Creo这家商业打印行业的系统供应商。

年度报告的市场和营销部分必须包括下面几点关键的内容：

• 公司在本行业内的位置。

• 地域影响和市场的地域划分。

• 公司的产品和市场范围的具体信息。

• 公司多样化的水平，尤其是与公司的竞争对手相互比较而得出的水平。

③公司管理层的讨论和分析。

这个部分是对财务报表的解释，能帮助读者领会管理层对发展趋势所持的观点，理解具体数字的重要性。Altria公司2004年度报告有19页是“管理层对财务状况和运营成果的讨论与分析”。它又分为几个小部分，包括“公司描述”、“执行总结”、“关键会计政策与估算”、“合并运营成果”、“财务回顾” 和 “可能影响未来成果的因素”。

这些部分中，有的与“注释” 部分（见下文）的讨论内容相类似。而不同点在于，这个部分是管理层提供解释的机会，而注释则倾向于提供被动的会计解释和披露。大多数公司在这个部分的细节方面也很类似。IBM的“管理层讨论” 部分有25页，包括下列子目：“路线图”、“管理层讨论要点”、“业务描述”、“一年回顾”、“前年回顾”、“前瞻”、“员工和全球劳动力” 和 “全球财务状况”。

④审计意见书。

财务报表是由公司外部的审计机构出具的，该审计机构会在多数大型公司的年度报告中提供一份意见书。Altria公司的2004年审计意见由普华永道（Price water house Coopers）提供，其基本意见为：“我们认为，所附的合并资产负债表以及相关的合并盈余表、股东权益表和现金流量表在所有重大方面公允地反映了Altria集团公司及其子公司在2003年12月31日和2004年12月31日的财务状况以及在2004年12月31日前三年中每一年的经营成果和现金流量。”

IBM的“独立注册的公共会计事务所报告” 部分有相同的措辞。在这两个案例中，公司外部的审计机构向分析师和投资者保证，财务报表“公允反映了” 公司运营和估价的实际情况。

⑤财务数据摘要。

每个公司都会选择发布一些数据。选择数据本身只是个偏好的问题。一般来说，究竟应该选择什么数据或者数据要如何精确，并没有固定的标准。比如，IBM提供的是收入、盈利和估价的基本信息。在零售业，许多公司会把每年新开业或停业的店铺数量做个总结。沃尔玛的总结会包括过去10年的情况，并且把数字按照店铺的类型以及国内或国外的地址再进行细分。

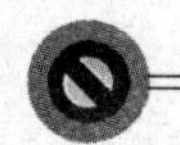

⑥注释。

注释能揭示重要信息。它们透过财务报表中的数字，解释这些数字的意义，价值是如何评估的，以及什么情况可能影响未来的利润和估价。

年度报告的注释部分通常会比其他任何的部分都长一些。注释部分之所以如此复杂，是由会计本身的复杂性、必须涵盖的话题的宽泛性以及很多大公司的业务性质所决定的，因为大公司往往有不同类型的业务运营。

⑦股东资讯和价格历史。

在年度报告的最后，要写一些股东的资讯，主要是联系人信息。Altria公司的股东资讯是2004年度报告的最后一部分，其中涵盖了公司和分部地址、电话号码、网址、直接购股信息、股票交易信息以及即将召开的年度股东大会的日期和地点。

（2）年报的三个作用。

①提供投资者资讯。

除了国家规定公司发布的财务报表之外，投资者也希望在各个层面上了解公司的情况。他们对公司当前面对的市场感兴趣，并对其在竞争环境下的有效性做出自己的判断。年度报告还包含有季度收入和盈利信息、股票最高和最低价格、每股收入以及分红情况的信息。大多数年度报告会列出3~5年内的经营成果，还有一些甚至会提供10年内的信息。

②改善公共关系。

对公司来说，年度报告是一个为其成就和市场唱赞歌的大好机会。很多内容通常在报告的前半部分都用于讨论市场和营销方案。可以说，这些内容往往比财务报表和脚注有意思得多，通常还包含大量五颜六色的图表和令人眼花缭乱的照片。

③满足政府的管理要求。

很多国家都要求公司必须发布经审计的财务报表。这些报表是在证券交易所归档的，公众可以看到。几乎所有的上市公司网站都能衔接到一个“投资者”部分的网址，并在上面发布了完整的年度报告。

（3）年报的两个要素。

为了同时满足上述三个目的，年度报告必须反映下列要素：

①公司的财务优势及运营成果。

首先要强调关于几个最基本问题的信息。公司是否融到充足的资本？融资中有多少是股权投资，有多少是负债？收入和利润是在增长、无变化还是缩水？公司是否在盈利？这些问题需要一一得到回答，并反映实际的状况和趋势。

②价格波动程度。

许多投资者和分析师都同意价格波动性是对市场风险的合理测试。作为一个技术性指标，价格波动性是一个有价值的测试，尤其是在与基本面测试一起应用时。

然而，表现一家公司的基本面波动性也是有价值的。这能为收入和利润的趋势提供参考。这些数字是否一致，是每年朝着同一个方向移动，还是在剧烈地变化？同时很有必要反映公司提供产品的多样性，因为这通常与公司的竞争地位和长期潜力极为相关。

47. 财务报表的易错点

财务报表的编制对于一个企业来说是至关重要的，它直接反映了企业的运营状况以及存在的一些问题，然而在编制过程中难免有纰漏之处，下面就几个易错点加以阐述。

47.1 合并财务报表

合并财务报表简称合并报表，是指综合反映以产权纽带关系而构成的企业集团在某一期间或地点整体财务状况、经营成果和资金流转情况的财务报表。主要包括合并资产负债表、合并利润表、合并利润分配表、合并现金流量表。合并报表由企业集团中的控股公司（母公司）于会计年度终了编制，主要服务于母公司的股东和债权人；但也有人认为，服务于企业集团所有股东和债权人，包括拥有少数控股权的股东。

合并财务报表视企业集团为一个会计主体，反映其所控制的资产、承担的负债、实现的收入及发生的费用等信息。我国企业集团不是纳税主体，合并财务报表也不是企业进行利润分配，包括缴纳所得税、分派股利的依据，它仅仅具有提供企业集团整体经营情况信息的作用。

当一家企业（即控股公司）事实上控制了被投资企业的财务和经营方针时，前者应当编制合并财务报表，将其控制的境内外子公司和事实上可以控制的被投资企业纳入合并财务报表的范围。有人认为，若子公司与母公司的经营性质有很大不同，合并报表意义不大，可不予合并；也有人认为，合并财务报表反映企业集团整体的经营情况，而各成员企业无论经营性质差异多大，财务报表均可合并，因此应当将所有子公司纳入合并范围。我国财政部颁发的《合并财务报表暂行规定》对此无明确规定。

为了编制合并财务报表，母公司应当统一与子公司的会计政策，财务报表决算日、会计期间和记账本位币；对境外子公司以外币表示的财务报表，按照一定的汇率折算为以母公司的记账本位币表示的财务报表。母公司对子公司的权益性资本应采用权益法进行处理。

根据我国《合并财务报表暂行规定》，凡是能够为母公司所控制的被投资企业都属于其合并范围，即所有的子公司都应当纳入合并财务报表的合并范围。根据此规定，合并财务报表的弄虚作假主要有：合并报表编制范围不当，将符合编制合并报表条件的未进行合并；不符合编制合并报表条件的而予以合并或不按规定正确合并；合并资产负债表的抵销项目不完整，尤其是内部债权债务不区分集团内部和外部的往来，使得合并抵销时不能全部抵销；等等。合并损益表也存在内销和外销部分没有正确区分，使得内部交易金额不能全部抵销，未实现内部销售利润计算错误等现象。

如某企业在编制合并报表时，与下属子公司的内部销售收入未作抵销，而只是简单地相加，则造成虚增销售，浮夸业绩，信息失真的严重后果；还有的企业在编制合并财务报表时，将下属已关、停、并、转的子公司也纳入合并范围，从而使会计信息失去真正的参考价值。

47.2　个别项目做假，粉饰业绩

财务报表科目繁多，这也为利用报表作假提供了更多便捷的途径。具

体到各个科目，财务报表作假包括以下几个方面。

（1）利用关联方交易。

关联交易是指存在关联关系的经济实体之间的购销业务。倘若关联交易以市价作为交易的定价原则，则不会对交易的双方产生异常影响。而事实上，有些公司的关联交易采取了协议定价的原则，定价的高低在一定程度上取决于公司的需要，使得利润在关联公司之间转移。例如，1997年广电股份1.13亿元的营业外收入主要来自两处：一是土地开发补贴4 000万元；二是将其全资子公司上海录音器材厂有偿出让给自己的国家股大股东上海广电（集团）有限公司，双方协商收购价9 414万元，从而使广电股份获得净收益7 960万元。因此，在注册会计师对其出具的审计报告中明确指出：该项业务虽已经产权交易所鉴证，但未经资产评估确认价值，并指出此项关联交易对其1997年损益产生了重大影响。

（2）改变折旧方法。

在影响计提折旧的因素中，折旧的基数、固定资产的净残值两项指标还比较容易确定，但在固定资产使用年限的确定上却较难把握。因此，企业往往有足够的理由变更固定资产折旧方式。

（3）变更投资收益核算方法。

企业对外进行长期股权投资，一般使用两种方法核算投资收益：一是成本法；二是权益法。企业持有的长期股权投资，在下列情况下应采用成本法核算：

①投资企业对被投资单位无控制、无共同控制且无重大影响。

②不准备长期持有被投资单位的股份。

③被投资单位在严格的限制条件下经营，其向投资企业转移资金的能力受到限制。

当投资企业对被投资单位具有控制、共同控制或重大影响时，长期股权投资应采用权益法核算。但事实上一些企业却违反法律法规的规定，肆意变更投资收益核算方法，以达到操纵利润的目的。例如，某公司2006年对深圳光大木材有限公司的长期投资所持股权为7.31%，远未达到当时有关会计制度的规定——对被投资单位持有25%以上股权时方能以权益法核算长期投资。因此，对被投资单位持有7.31%的股权并不符合采用权益法的条件，公司对被投资单位也未拥有经营控制权，但当年该公司却对投资收益的核算方法由成本法改为权益法，导致当期投资收益增加687万元。2006年其主营业务利润本是巨额亏损，可由于该会计方法变更和其他保留事项虚增的利润，竟然最终变亏为盈。将长期投资收益核算方法由成本法改为权益法，投资企业就可以按照占被投资企业股权份额核算投资收益（即使是实际上没有红利）。同时，《企业所得税法》则是根据投资企业是否从被投资企业分得红利及红利多少来征税的，因此，在被投资企业盈利的情况下，将投资收益核算方法由成本法改为权益法，一方面可以虚增当期利润；另一方面却无须为这些增加的利润缴纳所得税。

（4）对应处理的当期费用长期挂账。

这里面比较突出的是将应收账款（特别是3年以上的应收账款）长期挂账。一般而言，应收账款占一个单位的流动资产相当大的比例，因此，应收账款能否收回，对企业业绩影响也就很大。特别是3年以上的应收账款，收回的可能性更小。

另一个比较突出的情况是将在建工程长期挂账。这主要体现在相当一部分企业在自行建造固定资产时，都会对外部融入资金，而借款需按期计提利息，按会计制度规定，这部分借款利息在在建工程没有办理竣工手续之前应予以资本化。如果企业在建工程完工了而不进行竣工决算，那么利息就可计入在建工程成本，从而使当期费用减少（财务费用减少），另外又可以少提折旧，这样就可以从两个方面来虚增利润。

（5）存货计价不当。

企业对存货成本的计算若采用不适当的方法或任意分摊存货成本，就可能降低销售成本，增加营业利润。如按定额成本法计算产品成本，应该将定额成本与实际成本的差异，按比例在期末在产品、库存产成品和本期销售产品之间进行分摊，但有的企业为了达到利润操纵的目的，定额成本差异只在期末在产品和库存产品之间分摊，本期销售产品不分摊产品定额成本差异，从而达到虚增本期利润的目的。也有一些企业任意改变存货发出核算方法，如在物价上涨的情况下，把加权平均法改为先进先出法，以期达到高估本期利润的效果。更有甚者，故意虚列存货，或隐瞒存货的短缺、毁损。

有的企业为了达到目的，在核算利润时，会以各种方法来粉饰业绩。

• 利润均衡化，企业为了塑造绩优股的形象或获得较高的信用等级评定，往往采用这种类型的财务报表来粉饰。典型做法是：利用其他应收款、应付款、待摊费用、递延资产、预提费用等科目调节利润，精心策划利润稳步增长的趋势。

• 利润最小化，是当企业达不到经营目标或上市公司可能出现连续3年亏损，面临被摘牌时，采用这种类型的财务报表来粉饰。典型做法是：推迟确认收入、提前结转成本、转移价格。

• 利润最大化，这种类型的财务报表粉饰企业在上市前一年和上市当年尤其明显。典型做法是：提前确认收入、推迟结转成本、亏损挂账、资产重组、关联交易。

• 利润清洗，亦称巨额冲销。当企业更换法定代表人，新任法定代表人为了明确或推卸责任，往往采用这种类型的财务报表来粉饰。典型做法是：将坏账、存货积压、长期投资损失、闲置固定资产、待处理流动资产和待处理固定资产等所谓虚拟资产一次性处理为损失。

一些单位为了达到一些不法目的，随意调整报表金额，人为地加大资产调整利润；或为了逃税，避免检查而加大成本费用，减小利润。报表本意是要向一些使用人提供最真实的会计信息，为使用者的决策行为提供一个真实的参考，但虚假的财务报表传递了虚假的会计信息，误导与欺骗了报表使用者，使他们作出错误的决策。

如深圳××实业有限公司，2007年成立时，注册资本与实收资本均为1 000万元，但至2011年，注册资本和实收资本陡然增至1亿元，后经查，这次飞跃纯属三家会计师事务所为获取高额审计费而出具了虚假审计报告所为，短短几年，该企业就凭着假报表和假报告套取银行贷款达4 000多万元，给国家造成了极大的损失。

有些单位把财务报表变成随意拉缩的弹簧，拉缩出许多为己所用的财务报表，有的单位对财政的报表是穷账，以骗取财政补贴等多种优惠政策，对银行的报表是富账，以显示其良好的资产状况，骗取银行贷款；对税务的报表是亏账，以偷逃各种税款；对主管部门的报表是盈账，以显示其经营业绩，骗取奖励与荣誉等，这样随意调节财务报表，最后所导致的结果是国家受损失，少数人中饱私囊。

具体来说，企业通过调节利润来粉饰业绩的做法包括以下几种。

（1）提前确认收入。

这种情况如：一是在存有重大不确定性时确定的收入。二是完工百分比法的不适当运用。三是在仍需提供未来服务时确认的收入。四是提前开具销售发票，以美化业绩。在房地产和高新技术行业，提前确认收入的现象非常普遍，如房地产企业，往往将预收账款作销售收入，滥用完工百分比法等。以工程收入为例，按规定工程收入应按进度确认收入，多确认工程进度将导致多确认利润。

（2）费用资本化、递延费用及推迟确认费用。

费用资本化主要是借款费用及研发费用，而递延费用则非常之多，如广告费、职工买断身份款费等。例如，将研究发展支出列为递延资产；或将一般性广告费、修缮维护费用或试车失败损失等递延。在新建工厂实际已投入运营时仍按未完工投入使用状态进行会计核算，根据现行会计政策，在完工投入使用前的新建工厂工人工资等各项费用、贷款利息均计入固定资产价值而非当期损益。通过此方法可调增利润。还有如费用不及时报账列支而虚挂往来，按正常程序，发生的加工费、差旅费等费用应由职工先借出，在支付并取得发票后再报账冲往来计费用。在年末若职工借款较大应关注是否存在该等情况。

（3）推迟确认收入。

延后确认收入，也称递延收入，是将应由本期确认的收入递延到未来期间确认。与提前确认收入一样，延后确认收入也是企业盈利管理的一种手法。这种手法一般在企业当前收益较为充裕，而未来收益预计可能减少的情况下时有发生。

（4）虚构收入。

这是最严重的财务造假行为，有几种做法：一是白条出库，作销售入账；二是对开发票，确认收入；三是虚开发票，确认收入。这些手法非常明显是违法的，但有些手法从形式上看是合法，但实质是非法的，这种情况非常普遍，如上市公司利用子公司按市场价销售给第三方，确认该子公司销售收入，再由另一公司从第三方手中购回，这种做法避免了集团内部交易必须抵消的约束，确保了在合并报表中确认收入和利润，达到了操纵收入的目的。此外，还有一些利用阴阳合同虚构收入，如公开合同上注明货款是1亿元，但秘密合同上约定实际货款为5 000万元，另外5 000万元虚挂，这样虚增了5 000万元的收入，这在关联交易中非常普遍。

（5）虚增资产和漏列负债。

操作方法有：

①多计固定资产。例如少提折旧、将收益性支出列为资本性支出、利息资本化不当、固定资产虚增等。

②多计存货价值。对存货成本或评价故意计算错误以增加存货价值，从而降低销售成本，增加营业利益；或虚列存货，以隐瞒存货减少的事实。

③漏列负债。例如漏列对外欠款或短估应付费用。

④多计应收账款。由于虚列销售收入，导致应收账款虚列；或应收账款少提备抵坏账，导致应收账款净变现价值虚增。

（6）转移费用。

上市公司为了虚增利润，有些费用根本就不入账，或由母公司承担。一些企业往往通过计提折旧、存货计价、待处理挂账等跨期摊配项目来调节利润。少提或不提固定资产折旧、将应列入成本或费用的项目挂列递延资产或待摊费用。应该反映在当期报表上的费用，挂在“待摊费用”和“递延资产”或“预提费用”借方这几个跨期摊销账户中，以调节利润。目前通常的做法是，当上市公司经营不理想时，或者调低上市公司应交纳的费用标准，或者承担上市公司的相关费用，甚至将以前年度已交纳的费用退回，从而达到转移费用、增加利润的目的。

（7）多提或少提资产减值准备以调控利润。

企业会计制度要求自2001年1月1日起，上市公司要计提8项资产减值准备。在企业法人治理结构和内部控制不健全的状况下，计提资产减值准备有较大的利润调节空间。由于资产减值会计内涵的复杂性，决定了同样一项资产有不确定性的价值，因为资产减值实际上是掺杂企业管理当局主观估计的一种市场模拟价格，资产减值的不确定性给企业管理当局利润

操纵提供了极大的空间。新增的四项减值准备涉及不动产及无形资产的估价，与旧四项准备相比，资产减值计量难度更大，甚至大大超过上市公司财务部门及审计师的职业判断能力，除非寻求专业的不动产及无形资产评估师的帮助外，否则根本无法得出恰当的资产减值标准，从而影响减值准备计提的正确性。这就更为上市公司利用资产减值准备操纵利润提供了空间。目前，上市公司利用资产减值玩会计数字游戏，主要游戏规则是利用资产减值准备推迟或提前损失，典型表现为某个年度出现巨额亏损——让我一次亏个够。

（8）制造非经常性损益事项。

非经常性损益是指公司正常经营损益之外的、一次性或偶发性损益，例如资产处置损益、临时性获得的补贴收入、新股申购冻结资金利息、合并价差摊入等。非经常性损益虽然也是公司利润总额的一个组成部分，但由于它不具备长期性和稳定性，因而对利润的影响是暂时的。非经常性损益项目的特殊性质，为公司管理盈利提供了机会，特别应关注的是，有些非经常性损益本身就是虚列的。

47.3 潜亏挂账

所谓潜亏挂账，就是指不确认可能发生的损失，导致账面资本价值的虚计和本期利润的虚增，从而达到管理盈余的目的。用这种方式进行盈余管理手法多样，归纳起来有：低转产品成本、高估存货、投资损失不冲销、不良债权长期挂账、财产盘亏与损失挂账、少提或不提折旧、少计负债等手段，以此导致企业虚增资产和利润。

潜亏是当前企业财务报表信息失真的一种主要表现形式。它的存在或使企业会计账面盈利大幅度增加，或使账面亏损额大为减少，或使企业财务报表由亏变盈。在现代社会经济生活中，企业潜亏就像一颗不定时的炸弹，终将会有一天给社会带来危害。潜亏往往会影响股东和外部人员对企业经营状况、经营业绩的客观评价，掩盖企业存在的严重危机。有时某个明星企业突然之间倒闭，一般与潜亏有关。企业潜亏有三类：一是利用财务政策，在企业核算中合法地减少结转成本、高估存货，从而增大账面盈余。这种情况比较隐蔽。二是或有风险未到爆发的时候，比如非控股的对外投资，虽然投资对象经营不正常，未有分红，但是还未破产清算，于是账面仍然按原值记账，导致账面资本价值的虚计和本期利润的虚增，从而达到管理盈余的目的。经济纠纷也属于或有风险的潜亏之一。三是固化不良资产，潜亏挂账，暂不冲销投资损失、不良债权、财产盘亏与损失，不确认可能发生的损失，以此导致企业虚增资产和利润。这种情况多数用于企业内部整顿时期，使得经营管理层可以放下历史包袱，从新开始。

企业管理层诚信度不高是形成企业潜亏的最重要主观原因。企业管理人员，尤其是高级管理人员，如果其品行诚实性不佳，则假账假报表的现象就难以避免。而如果企业主要领导对会计信息质量的重要性认识不足，则假账假报表的编造就会表现出一种更多的随意性。同时，在企业上级部门以及企业外部对企业经营业绩的考核或评价中，企业会计利润往往是一个十分重要的指标。由于对企业经营业绩的考核和评价一般会影响到企业、企业领导人和企业职工的利益，因而为了达到所要求的业绩指标，一些企业就不惜通过制造潜亏来“实现”指标利润。在市场经济的运行法则下，强者会受到支持，弱者可能被市场所淘汰。因此，如果一个企业经营业绩、财务状况不良，它就很难取得银行和其他供应商的信用支持。在这种情况下，企业为取得或维持资金来源和商业信用，有时就会把亏损藏起来，从而形成潜亏。另外，企业管理人员对因工作失误所带来的经济损失等不良后果一般要承担一定的责任，包括经济责

任和工作责任。为了回避或减轻这些责任，企业将尽可能地不报或少报所发生的经济损失。

当前上市公司账面资产很多为不良资产，为了“挤出水分”，企业会计制度要求上市公司计提八项减值准备，但很多上市公司减值准备根本未提足，这里面原因很复杂。比如，当初改组上市时，基于包装的需要，虚增了资产，可能挂在应收款项上，也可能虚增存货、固定资产、无形资产等，一些投资项目根本就是虚的或为不良资产，但也挂在账上。上市以后，因原主业不行，固定资产和无形资产就急剧减值，但上市公司也不计提减值准备。另外，上市后继续包装，造成多项资产尤其是应收款项虚增。这些账面不良资产带来的潜亏金额往往很大。

具体而言，企业在某种目的驱使下制造潜亏的常见手法有以下几种。

（1）随意改变会计核算方法制造潜亏。

一些企业改变存货计价方法、固定资产折旧方法、长期投资核算方法等制造潜亏。如存货计价方法变动的结果一般是期末存货成本增加、当期成本减少，从而增加企业当期盈利。而企业将原来采用权益法核算的股权类长期投资改为用成本法核算，自然就可以把某些投资损失甩到账外了。

（2）对某些成本费用支出不及时报销入账。

某些企业在年末时对当年所发生的一些成本费用类支出不报销不入账，以减少当期成本费用支出。而在企业资金紧张的条件下，这种情况的发生可能就不只限于年末。久而久之，就形成企业很大数额的潜亏。

（3）利用“其他应用款”账户隐藏成本或费用。

一些企业的造假手法表现得更加直接，它们将当期的利润指标，以一笔或几笔账直接挂入“其他应收款”账户。

（4）隐瞒各种损失或对损失长期不作最终处理。

企业在生产经营过程中难免会发生各种各样的资产损失，如坏账损失、投资损失、实物损失等。这些损失应当按照会计核算要求计入当期损益。然而一些企业为了调节利润，对这些损失或不清查，或不核算，或不进行最后会计处理，从而形成潜亏。

（5）违背会计制度核算要求，对某些应计成本费用不予摊提或不按规定摊提。

在权责发生制会计核算原则下，企业必须按会计制度要求摊销一些费用，如固定资产折旧费等；同时也必须预提某些费用，如借款利息费用等，而一些企业对这些应计成本费用不予摊提或少摊少提，使企业发生潜亏。

（6）将成本或费用随意“待摊”或“递延”。

由于权责发生制会计核算原则的要求，企业会计制度中设置了“待摊费用”、“递延资产”等跨期摊销费用类会计科目，由于这些科目特有的性质，一些企业便把它们当成了“蓄水池”，以各种理由将一些本应列入当期成本费用的支出归入这些会计科目，形成潜亏。

（7）将非资本性利息支出资本化。

现行会计制度规定，企业为在建工程和固定资产等长期资产支付的利息费用，在其投入使用以前可予以资本化，计入这些长期资产的成本。然而某些企业滥用该项规定，将这些长期资产投入使用后的发生的借款利息支出仍予以资本化，甚至将一些日常生产经营中发生的借款利息费用支出予以资本化，以达到调节利润的目的。这种做法使当期成本费用支出减少，虚增了长期资产价值，而长期资产的价值最终也将以折旧等形式在以后会计期间转入成本费用，所以从根本上看，这种做法也是在制造企业潜亏。

47.3 财务报表附注

财务报表附注是财务报表的补充，主要是对财务报表不能包括的内容或者披露不详尽的内容作进一步的解释说明，包括对基本会计假设发生变化；财务报表各项目的增减变动（报表主要项目的进一步注释），以及或有某项或资产负债表日后事项中的不可调整事项的说明：关联方关系及交易的说明等。

一般地讲，财务报表附注至少应当包括下列内容：不符合会计假设的说明；重要会计政策和会计估计及其变更情况、变更原因及其对财务状况和经营成果的影响；或有事项和资产负债表日后事项的说明；关联方关系及其交易的说明；重要资产转让及其出售说明；企业合并、分立的说明；重大投资、融资活动；财务报表中重要项目的说明有助于理解和分析财务报表需要说明的其他事项。

财务报表附注是为了便于财务报表使用者理解财务报表的内容而对财务报表的编制基础、编制依据、编制原则和方法及主要项目等所作的解释。它是对财务报表的补充说明，是财务会计报告的重要组成部分。

比如，对于一种经济业务，可能存在不同的会计原则和会计处理方法，也就是说有不同的会计政策可供选择。如果不交代财务报表中的这些项目是采用什么原则和方法确定的，就会给财务报表使用者理解财务报表带来一定的困难，这就需要在财务报表附注中加以说明。再如，可比性是一项很重要的会计原则，它要求前后各期采用的会计政策应当保持一致不得随意变更。由于会计法规发生变化，或者为了更加公允地反映企业的实际情况，企业有可能改变财务报表中某些项目的会计政策，由于不同期间的财务报表中对同一个项目采用了不同的会计政策，影响了不同期间财务报表的可比性，为了帮助财务报表使用者掌握会计政策的变化，也需要在财务报表附注中加以说明。又如，财务报表由于形式的限制，只能按大类设置项目，反映总括情况，至于各项目内部的情况以及项目背后的情况往往难以在表内反映。如资产负债表中的应收账款只是一个年末余额，至于各项应收账款的账龄情况就无从得知，而这方面的信息对于财务报表使用者了解企业信用资产质量却是必要的，所以往往需要在财务报表附注中提供应收账款账龄方面的信息。

有些企业也充分认识到财务报表附注的强大作用，采用暗度陈仓的手法，在会计核算中已改变了某些会计政策，但在报表附注中不作说明；或虽不影响报表金额，但对该企业的一些经营活动及前途有极大影响的事项不作说明，欺骗报表使用者。

如某企业年初和年中的发出存货计价方法完全不同，按照会计制度的规定，此变更须在报表附注中披露，但该企业并未做出披露，用以掩盖其调低成本、虚增利润的不法企图。

如，某上市公司报表日后发生重大经济损失，该公司担心影响公司业绩，没有将此变化在附注中披露，而欺骗报表使用人。

48. 财务报表的分析方法

财务报表分析的方法很多，如趋势分析法、比较分析法、因素分析法、比率分析法和差额分析法等。熟练的掌握分析方法才能准确的分析数据，才不会出现差错。

(1) 趋势分析法。

趋势分析法是将两期或多期连续的相同指标或比率进行对比，求出它们增减变动的方向、数额和幅度的一种方法。它可以揭示企业财务状况和生产经营情况的变化，分析变化的原因、性质，进而预测企业前景。趋势分析法的具体运用主要有以下三种。

①财务报表构成的比较。

将财务报表中的某个总体指标作为100%，计算各组成指标占总体指标的百分比，比较各项目百分比的增减变动，从而判断其变化趋势。此方法可以用于同一企业不同时期财务状况的比较，还可以用于各企业与同行业平均数之间的比较。

②重要财务指标的比较。

它将不同时期财务报告中的相同指标或比率进行比较，直接观察其绝对额或比率的增减变动情况及变动幅度，考察有关业务的发展趋势。通过不同财务指标的比较可以计算出动态比率指标，由于选取的基期不同，又有定基指标和环比指标。

定基比率 = 分析期数额 ÷ 固定基期数额

环比比率 = 分析期数额 ÷ 前期数额

③财务报表金额的比较。

将连续数期的财务报表数字并列起来，比较其相同指标的增减变动金额和幅度来说明企业财务状况和经营成果的发展变化情况。

值得注意的是，与比率分析法一样，要求进行对比的各时期指标的计算口径必须一致，而且还要将偶然因素产生的影响剔除。

(2) 比较分析法。

比较法是最基本的分析方法，没有比较就没有分析，比较法在财务分析中得到了广泛的应用，并且其他方法是在比较法的基础上产生的。比较法有以下三种形式：

①本单位指标同国内外先进单位指标比较。

可以找出与先进单位之间的差距，推动本单位改善经营管理，赶超先进水平。

②本期指标同上期指标比较。

可以确定前后不同时期有关指标的变动情况，了解企业生产经营活动的发展趋势和管理工作的改进情况。

③实际指标同计划指标比较。

可以解释计划与实际之间的差异，了解该项指标的计划或定额的完成情况。

应用比较法对同一性质指标进行数量比较时，要注意所用指标的可比性，做到指标计算口径一致。

（3）因素分析法。

因素分析法又称因素替换法、连环替代法，它是用来确定几个相互联系的因素对分析对象——综合财务指标或经济指标的影响程度的一种分析方法。采用这种方法的出发点在于，当有若干因素对分析对象发生影响作用时，依次确定每一个因素单独变化所产生的影响。

【例9－1】某施工企业2011年3月某种原材料费用的实际数是4 620元，而其计划数是4 000元。实际比计划增加620元。由于原材料费用是由产品产量、单位产品原材料消耗用量和原材料单价三个因素的乘积构成的，因此，就可以把原材料费用这一总指标分解为三个因素，然后逐个来分析它们对原材料费用总额的影响程度。现假定这三个因素的数值如表9－1所示。

表9-1

项　　目	单位	计划数	实际数
产品产量	件	100	110
单位产品原材料消耗量	千克	8	7
原材料单价	元	5	6
原材料费用总额	元	4 000	4 620

根据表9-1中资料，原材料费用总额实际数比计划数多620元，这是分析对象。运用连环替代法，可以计算各因素变动对原材料费用总额的影响程度：

计划指标：100×8×5=4 000（元）　　(1)

第一次替代：110×8×5=4 400（元）　　(2)

第二次替代：110×7×5=3 850（元）　　(3)

第三次替代：110×7×6=4 620（元）　　(4)

各因素单独变化所产生的影响：

(2)-(1)=4 400-4 000=400（元）

增加的这400元费用是产量增加影响的结果。

(3)-(2)=3 850-4 400=-550（元）

减少550元费用是材料节约影响的结果。

(4)-(3)=4 620-3 850=770（元）

增加770元费用是原材料价格提高影响的结果。

400-550+770=620（元）

增加620元费用是全部因素影响的结果。

因素分析法既可以全面分析各因素对某一经济指标的影响，又可以单独分析某个因素对某一经营指标的影响，在财务分析中应用颇为广泛。但在应用这一方法时必须注意以下几个问题：

①因素替代的顺序性。

替代因素，必须按照各因素的依存关系，排列成一定的顺序并依次替代，不可随意加以颠倒，否则就会得出不同的计算结果。一般而言，确定因素替代程序的原则是，按分析对象的性质，从诸因素的相互依存关系出发，使分析结果有助于分清责任。

②计算结果的假定性。

连环替代法计算的各因素变动的影响数，会因替代计算顺序的不同而有差别，因而计算结果不可避免带有假定性，即它不可能使每个因素计算的结果，都达到绝对地准确。它只是在某种假定前提下的影响结果，离开了这种假定前提条件，也就不会是这种影响结果。为此，作财务分析时，财务人员应力求使这种假定是合乎逻辑的假定，是具有实际经济意义的假定。这样，计算结果的假定性，才不至于妨碍分析的有效性。

③因素分解的关联性。

即确定构成经济指标的因素，必须在客观上存在着因果关系，要能够反映形成该项指标差异的内在构成原因，否则就失去了其存在价值。

④差额分析法。

差额分析法是因素分析法的一种简化形式，它是利用各个因素的实际数与基准数或目标值之间的差额，来计算各个因素对总括指标变动的影响程度。

⑤顺序替代的连环性。

连环替代法在计算每一个因素变动的影响时，都是在前一次计算的基础上进行，并采用连环比较的方法确定因素变化所导致的结果。因为只有保持计算程序上的连环性，才能使各个因素影响之和，等于分析指标变动的差异，以全面说明分析指标变动的原因。

（4）比率分析法。

比率分析法是把某些彼此存在关联的项目加以对比，通过计算经济指标的比率来确定经济活动变动程度的分析方法。比率是一个相对数，因此可以把某些不可比的指标变为可比的指标来进行分析。比率指标主要有三类：

①效率比率。

效率比率是用以计算某项经济活动中费用与所得的比例，反映投入与产出的关系。例如成本费用与销售收入之间的比率，成本费用与利润之间的比率等。利用效率比率指标，可以进行得失比较，考察经营成果，评价经济效益的水平。

②相关比率。

相关比率是用以计算部分与总体、投入与产出之间具有相关关系的指标的比率，反映有关经济活动之间的联系。例如流动比率即流动资产与流动负债之间的比率，负债比率即负债与资产之间的比率等。利用相关比率指标，可以考察有联系的相关业务安排是否合理，以保障生产经营活动能够顺利地进行。

③结构比率。

结构比率是用以计算某项经济指标的各个组成部分占总体的比重，反映部分与总体的关系。例如计算流动资产占总资产的比重，应收账款中坏账的比重等。

计算公式为：

结构比率 = 部分数额 ÷ 总体数额

利用结构比率指标可以考察总体中某个部分的形成和安排是否合理，以便采取措施改正不合理的部分。

应该注意的是，首先，在使用比率指标进行分析时，比率中对比指标应有相关性，也就是说，要使对比有一定的意义，对比指标有内在联系，才能评价有关经济活动之间是否安排合理。其次，比率指标中对比指标的计算口径，即两个指标的计算时间、方法、标准等应该一致。最后，计算出的比率指标要有对比的标准。在计算出某企业的具体指标后，还需要选取一定的标准使之与其进行对比，以便对企业的财务活动进行评价。通常对比的标准有：企业预定的目标、企业历史上达到的标准、同行业内平均水平或先进水平标准、社会公认的标准等。

49. 财务报表的装订

财务报表编制完成及时报送后，留存的报表按月装订成册谨防丢失。小企业可按季装订成册。会计人员没有按规定装订，致使报表混乱，下面是会计人员易犯错的点。

第一，财务报表装订顺序为：财务报表封面、财务报表编制说明、各种财务报表按财务报表的编号顺序排列、财务报表的封底。

第二，财务报表装订前要按编报目录核对是否齐全，整理报表页数，上边和左边对齐压平，防止折角，如有损坏部位，修补后完整无缺地装订。

第三，按保管期限编制卷号。

第10章　施工企业的涉税处理易错点

本章主要内容

50. 采用净价法虚减利润

51. 纳税申报的流程

52. 施工企业的偷漏税问题

53. 分包工程的纳税

54. 不列、少列和截留收入

55. 营业税的处理

56. 房产税的处理

……

50. 采用净价法虚减利润

在存在现金折扣情况下，应收账款的入账金额核算有总价法和净价法两种形式。

总价法是按现金折扣前的销售总金额作为应收账款或应付账款入账金额的方法。由于是按总价入账，对于卖方而言，若客户在折扣期限内付款，应将给予客户的现金折扣视为融资过程中的理财费用，记入当期财务费用；对于买方而言，若在折扣期内按时付款，则认为企业享受的现金折扣是该企业在节约使用资金活动中的理财收益，冲减当期财务费用。总价法固然能够较为清晰地反映销售或购买的总过程。但若买方享受现金折扣，对卖方而言，会高估应收账款和销售收入；对买方而言，会高估应付账款和材料成本。这样，对于买卖双方当期资产负债表和损益表中的具体项目有一定的影响，特别是在折扣期和会计期不一致时，这种虚增影响更为明显。但从持续经营的角度来看，高估的应收账款或应付账款随着给付货款行为终将被冲平，不影响最终资产总额；高估的销售收入和材料成本由财务费用项目调整，不影响最终利润结果。尽管如此，仍应该将高估的有关项目在报表的附注中予以反映。

净价法假定顾客一般会提前还款，享受现金折扣。净价法指企业销售时，应收账款和销售收入均按照扣减现金折扣后的金额入账。客户过了折

扣期以后的丧失折扣的款项，视作为销售企业提供信贷所获得的收入，作为财务费用的减项，同时增加应收账款。但我国企业会计制度规定，企业应按总价法确认应收账款，现金折扣部分借记财务费用，贷记应收账款。净价法虽然能避免总价法的不足，但如出现买方超过折扣期限付款时，对卖方而言，会低估应收账款和销售收入；对买方而言，会低估应付账款和材料成本。净价法虽然也对资产负债表和损益表的最终结果无影响，但亦应在报表的附注中予以反映。

根据我国会计制度的规定，只允许采用总价法核算。但在实际工作中，可能出现按净价法入账的情况，这样做的结果就会使企业少记正常的收入，客观上造成应收账款入账金额不实的结果，为一些不法分子贪污制造机会。下面对会计人员采用净价法时出现的错误加以阐述。

采用现金折扣净价法，在销售实现时，按扣减最大现金折扣后的金额增加应收账款和主营业务收入。这与税法规定的现金折扣全额增加主营业务收入的规定背离。同时，现金折扣处理的理论依据与其实质不符。现金折扣是销售方为尽早收回货款所采用的手段，是企业的一种理财行为。因此，发生的现金折扣应计入财务费用，而不应冲减主营业务收入。

例如，某家具商场在销售上采取的信用政策为2/10、1/20、n/30，如果其按净价法核算销售收入，就会少计收入，从而影响到利润的核算。

企业为了体现经营业绩，或为了完成承包任务，就会利用年底结账时，人为地虚列销售收入、挂往来账、虚增利润。待下一年年初，再用红字将此笔虚列的往来账冲掉。如审计人员在审阅某企业商品销售利润明细表时，发现该企业12月份毛利率比其他月份高出几倍，通过详细审查，发现该企业的一笔销售收入未结转成本，且对应的应收账款账户名经函证查无此单位，经查问财务人员，才知是企业领导人为完成承包任务而在年底虚增的一笔收入。

51. 纳税申报的流程

51.1 纳税申报的环节

有一些财务人员认为，如果企业今年没有盈利就不用进行纳税申报。其实这种观点是错误的，这也正是会计人员易犯错的点。

纳税申报是纳税程序的中心环节。它是纳税人在发生纳税义务后，按税务机关规定的内容和期限，向主管税务机关报以书面报表的形式写明有关纳税事项及应纳税款所履行的法定手续。纳税申报不仅是征纳双方核定应纳税额、开具纳税凭证的主要依据，也是税务机关研究经济信息，加强税源管理的重要手段。实行纳税申报制度，不仅可以促使纳税人增强依法纳税的自觉性，提高税款计算的正确性，而且有利于税务机关依法征收税款，查处财务违章，保证国家税收及时足额入库。

（1）纳税申报的方式。

纳税申报主要有两种形式。

①按照规定采取邮寄、数据电文或其他方式申报、报送事项。

②直接到税务机关办理上述申报、报送事项。

这是一种最直接最常见的方式，操作起来也很简单。

当纳税人、扣缴义务人在纳税申报期限内，因各种原因不能或不方便到税务机关办理纳税申报的，便可以采取邮寄的方式办理纳税申报或报送

事宜。采取邮寄申报的，以邮出地的邮戳日期为实际申报日期。比如在华工作的外籍个人在个人所得税申报期限内，因故不在我国境内或出差离开，通常办理纳税申报时，就可以采取邮寄申报形式办理纳税申报。数据电文形式是近年来新兴的现代化传递数据的手段或方式，这种高速、快捷的信息传递方式已越来越多地应用于税务管理。采用数据电文的方式进行纳税申报或报送代扣代缴、代收代缴税款报告表，大大节省了时间，提高了效率。采用数据电文形式，收件人（此处指税务机关）指定特定系统接收数据电文的，该数据电文进入该特定系统的时间，视为申报、报送到达的时间；未指定特定系统的，该数据电文进入收件人的任何系统的首次时间，视为到达时间。

纳税人、扣缴义务人也可采用邮寄、数据电文以外的法定方式办理纳税申报和报送代扣代缴、代收代缴税款报告表。

（2）纳税申报的对象。

纳税申报的对象就是指谁应当办理纳税申报，主要包括以下几类：

①享受减税、免税待遇的纳税人。

纳税人享受减税、免税待遇的，在减税、免税期间也应当按照规定办理纳税申报手续，填报纳税申报表，以便于进行减免税的统计与管理。

②应当正常履行纳税义务的纳税人。

在正常情况下，纳税人必须在税收法律、行政法规规定或者税务机关依照法律、行政法规的规定确定的申报期限、申报内容如实办理纳税申报。

③应当履行扣缴税款义务的扣缴义务人。

扣缴义务人必须依照法律、行政法规的规定或者税务机关依照法律、行政法规的规定确定的申报期限、申报内容如实报送代扣代缴、代收代缴税款报告表以及税务机关根据实际需要要求扣缴义务人报送的其他有关资料。

(3) 纳税申报的期限。

在发生纳税义务后，纳税人、扣缴义务人必须按照法律、行政法规的规定或者税务机关依据法律、行政法规的规定确定的应纳或应缴税款的期限，到税务机关办理纳税申报。由此可以看出，申报期限有两种：一种是法律、行政法规明确规定的；另一种是税务机关按照法律、行政法规的规定，结合纳税人生产经营的实际情况及其所应缴纳的税种等相关问题予以确定的。

①各税种的申报期限。

因各税种情况不同及税务机关的工作安排，各税种的申报期限也有所不同，在确定申报期限时，必然涉及纳税义务发生时间和纳税期限的确定问题。

②申报期限的顺延。

纳税人办理纳税申报期限的最后一天，如遇公休日，可以顺延。

③延期办理纳税申报。

根据我国现行《税收征收管理法》第二十七条规定，"纳税人、扣缴义务人不能按期办理纳税申报或者报送代扣代缴、代收代缴税款报告表的，经税务机关核准，可以延期申报。经核准延期办理前款规定的申报、报送事项的，应当在纳税期内按照上期实际缴纳的税额或者税务机关核定的税额预缴税款，并在核准的延期内办理税款结算。"

需要注意的是，纳税人在纳税期限内，无论有无应税收入、所得及其他应税项目，均须在规定的申报期限内，持纳税申报表、财务财务报表及其他纳税资料，向税务机关办理纳税申报；扣缴义务人在扣缴税款期内无论有无代扣、代收税款，均须在规定的期限内，持代扣代缴、代收代缴税

款报告表及其他有关资料，向税务机关办理扣缴税款报告。

（4）纳税申报的内容。

纳税申报的内容主要包括两个方面：一是与纳税申报有关的资料或证件；二是纳税申报表或者代扣代缴、代收代缴税款报告表。

①纳税人办理纳税申报时，要报送如下资料：

• 财务财务报表。它是根据会计账簿记录及其他有关反映生产、经营情况的资料，按照规定的指标体系、格式和序列编制的，用以反映企业、事业单位或其他经济组织在一定的时期内经营活动情况或预算执行情况结果的报告文件。不同纳税人由于其生产经营的内容不同，所使用的财务财务报表也不一样，需向税务机关报送的种类也不相同。

• 纳税申报表。它是由税务机关统一负责印制的、由纳税人进行纳税申报的书面报告，其内容因纳税依据、计税环节、计算方法的不同而有所区别。

• 其他纳税资料。比如，与纳税有关的经济合同、协议书；固定工商业户外出经营税收管理证明；境内外公证机关出具的有关证件；个人工资及收入证明等。

②纳税人和扣缴义务人在填报纳税申报表或代扣代缴、代收代缴税款报告时，应将税种、税目、应纳税项目或者应代扣代缴、代扣代收税款项目，适用税率或单位税额，计税依据，扣除项目及标准，应纳税额或应代扣、代收税款，税款所属期限等内容逐项填写清楚。

③扣缴义务人纳税申报时，要报送的资料有以下几类：

• 代扣代缴、代收代缴税款报告表。

• 其他有关资料。通常包括：代扣代缴、代收代缴税款的合法凭证；与代扣代缴、代收代缴税款有关的经济合同、协议书、公司章程等。

（5）违反纳税申报规定的法律责任。

纳税人未按照规定的期限办理纳税申报和报送纳税资料的，或者扣缴义务人未按照规定的期限向税务机关报送代扣代缴、代收代缴税款报告表和有关资料的，由税务机关责令限期改正，同时处以2 000元以下的罚款；逾期不改正的，可以处以2 000元以上10 000元以下的罚款。

51.2　纳税的期限

随着税法的改革，有一部分财务人员对新的税法规定不是很了解，经常搞不清各种税的纳税期限。在延期纳税的处理上也是经常出错。

关于税款缴纳的时限有三个层次。

（1）纳税期限，指的是法律、行政法规规定的或税务机关依照法律、行政法规，规定纳税人据以计算应纳税额的期限。

各税种的纳税期限因其征收对象、计税环节等的不同而不尽一致，即使同一税种具体到每个纳税人也不一样。具体到每个纳税人的纳税期限，则由县级以上税务机关根据纳税人应纳税额的大小来确定。

（2）纳税义务发生时间，就是纳税人发生应税行为，应当承担纳税义务的起始时间。

（3）税款缴库期，它是指纳税计算期满后，纳税人报缴税款的法定期限。

纳税计算期满后，纳税人即缴纳应缴税款。由于纳税人对纳税计算期内所取得的应税收入和应纳税款需要一定的时间进行结算和办理缴纳手续，因此各税种的税法条例又规定了税款的入库期限。如表10－1所示。

表10－1　　各税种纳税义务发生时间与纳税期限对照

比较项目 内容 税种	纳税义务发生时间	纳税期限
增值税	①销售货物或应税劳务的增值税纳税义务发生时间为： •采取直接收款方式销售货物的，不论货物是否发出，均为收到销售额或取得索取销售额的凭据，并将提货单交给买方的当天。 •采取托收承付和委托银行收款方式销售货物的，为发出货物并办妥托收手续的当天。 •采取赊销和分期收款方式销售货物，为按合同约定的收款日期的当天。 •采取预收货款方式销售货物，为货物发出的当天。 •委托其他纳税人代销货物的，为收到代销单位销售的代销清单的当天。 •销售应税劳务的，为提供劳务同时收讫销售额或取得索取销售额的当天。 •纳税人发生视同销售行为的，为货物移送的当天。 ②进口货物的增值税纳税义务发生时间为货物报关进口的当天。	①纳税期限有1日、3日、5日、15日、1个月或者1个季度，纳税人的具体纳税期限由主管税务机关根据纳税人应纳税额的大小分别核定，不能按照固定期限纳税的可以按次纳税。 ②纳税期限为1个月或者1个季度的，纳税人应在期满之日起15日内申报纳税；纳税期限低于1个月的，自期满之日起5日内预缴税款，于次月1日起15日内申报纳税并结清上月应纳税款。 ③纳税人进口货物，应当自海关填发税款缴纳证之日起15日内缴纳税款。

续表

比较项目 内容 税种	纳税义务发生时间	纳税期限
消费税	①纳税人销售应税消费品的纳税义务发生时间为： • 纳税人采取赊销和分期付款结算方式的，其纳税义务发生时间为销售合同规定的收款日期的当天。 • 纳税人采取预收货款结算方式的，其纳税义务的发生时间为发出应税消费品的当天。 • 纳税人采取托收承付和委托银行收款方式的，其纳税义务发生时间为发出应税消费品并办妥托收手续的当天。 • 纳税人采取其他结算方式的，其纳税义务的发生时间为收讫销售款或取得索取销售款凭据的当天。 ②纳税人自产自用的应税消费品，其纳税义务的发生时间为移送使用的当天。 ③纳税人委托加工的应税消费品，其纳税义务的发生时间为纳税人提货的当天。 ④纳税人进口的应税消费品，其纳税义务的发生时间，为报关进口的当天。	①纳税期限有1日、3日、5日、15日、1个月或者1个季度，纳税人的具体纳税期限由主管税务机关根据纳税人应纳税额的大小分别核定；不能按固定期限纳税的，可以按次纳税。 ②纳税期限为1个月或者1个季度的，纳税人应在期满之日起15日内申报纳税；纳税期限低于1个月的，应在期满之日起15日预缴税款，并在次月1日起15日内申报纳税并结清税款。 ③纳税人进口应税消费品，应当自海关填发税款缴款书之日起15日内缴纳税款。

续表

比较项目 内容 税种	纳税义务发生时间	纳税期限
营业税	①纳税义务发生时间为纳税人收讫营业收入款项或取得索取营业收入款项凭据的当天。 ②纳税人转让土地使用权或者销售不动产，采用预收款方式的，其纳税义务发生时间为收到预收款的当天。 ③纳税人有自建自销行为的，其自建行为的纳税义务发生时间为其销售自建建筑物并收讫营业额或者取得索取营业额的凭据的当天。 ④纳税人将不动产无偿赠与他人，其纳税义务发生时间为不动产所有权转移的当天。	①纳税期限有5日、10日、15日、1个月或者1个季度，纳税人的具体纳税期限，由主管税务机关根据纳税人应纳税额的大小分别核定；不能按照固定期限纳税的，可以按次纳税。 ②纳税期限为1个月或者1个季度的，纳税人应在自期满之日起15日内申报纳税；纳税期限低于1个月的，应自期满之日起5日内预缴税款，于次月1日起15日内申报纳税并结清上月应纳税款。 ③扣缴义务人的解缴税款期限，比照前两条规定执行。 ④金融业（不包括典当业）的纳税期限为1个季度。 ⑤保险业的纳税期限为1个月。
企业所得税	纳税义务发生时间为纳税人取得应纳所得税额时。	①在月份或季度终了后15日内，向其所在地主管税务机关报送财务报表和预缴所得税申报表。 ②年度终了后，汇总纳税的成员企业应在45日内进行纳税申报，就地纳税企业和汇总纳税的总机构应在次年4月底前向其所在地主管税务机关报送会计决算报表所得税申报表，进行纳税申报。 ③纳税人在年度中间合并、分立、终止时，应当在停止生产、经营之日起60日内，向当地主管税务机关办理当期所得税汇算清缴。

续表

比较项目 内容 税种	纳税义务发生时间	纳税期限
个人所得税	纳税义务发生时间为纳税人取得应纳税所得额时。	①纳税人应在取得应纳税所得的次月 7 日内向主管税务机关申报所得并缴纳税款。 ②扣缴义务人每月所扣的税款，应在次月 7 日内缴入国库。 ③账册健全的个体工商户的生产、经营所得应纳的税款，按年计算，分月预缴，纳税人在次月 7 日内申报预缴，年度终了后 3 个月内汇算清缴，多退少补。 ④纳税人年终一次性取得承包经营、承租经营所得的，自取得收入之日起 30 日内申报纳税；在 1 年内分次取得承包经营、承租经营所得的应在取得每次所得后的 7 日内申报预缴，年度终了后 3 个月内汇算清缴。 ⑤从中国境外取得所得的纳税人，其来源于中国境外的应纳税所得，如在境外的纳税年度计算缴纳个人所得税的，应在所得来源国的纳税年度终了结清税款后的 30 日内，向中国主管税务机关申报纳税；如在取得时结清税款的，应在次年 1 月 1 日起 30 日内向中国主管税务机关申报纳税。 ⑥个人独资企业和合伙企业投资者应纳的个人所得税税款，按年计算，分月或者分季预缴，由投资者在每月或者每季度终了后 7 日内预缴，年度终了后 3 个月内汇算清缴，多退少补。 ⑦个人独资企业和合伙企业在年度中间合并、分立、终止时，投资者应当在停止生产经营之日起 60 日内，向主管税务机关办理当期个人所得税汇算清缴。

续表

比较项目 内容 税种	纳税义务发生时间	纳税期限
资源税	①纳税人销售应税产品，其纳税义务发生时间是： •纳税人采取分期收款结算方式的，其纳税义务发生时间为销售合同规定的收款日期的当天。 •纳税人采取预收货款结算方式的，其纳税义务发生时间为发出应税产品的当天。 •纳税人采取其他结算方式的，其纳税义务发生时间为收讫销售款或者取得索取销售额凭据的当天。 ②纳税人自产自用应税产品的，纳税义务发生时间为移送使用应税产品的当天。 ③扣缴义务人代扣代缴税款的，纳税义务发生时间为支付首笔货款或开具应支付货款凭据的当天。	①纳税期限为1日、3日、5日、10日、15日或者1个月，由主管税务机关根据实际情况具体核定。 ②纳税人以1个月为一期纳税的，自期满之日起10日内申报纳税；以1日、3日、5日、10日或者15日为一期纳税的，自期满之日起5日内预缴税款，于次月1日起10日内申报纳税并结清上月税款。
城市维护建设税	纳税义务发生时间与增值税、消费税、营业税（以下简称“三税”）相同。	纳税期限分别与“三税”的纳税期限一致： ①增值税、消费税的纳税期限均分别为1日、3日、5日、10日、15日、1个月或者1个季度，营业税的纳税期限分别为5日、10日、15日、1个月或者1个季度。 ②增值税、消费税、营业税的纳税人的具体纳税期限，由主管税务机关根据纳税人应纳税额大小分别核定。 ③不能按固定期限纳税后，可以按次纳税。

续表

比较项目 内容 税种	纳税义务发生时间	纳税期限
城镇土地使用税	自2007年1月1日起，纳税人以出让或转让方式有偿取得土地使用权的，应由受让方从合同约定交付土地时间的次月起缴纳城镇土地使用税，合同未约定交付土地时间的，由受让方从合同签订的次月起缴纳。	实行按年计算，分期缴纳的征收办法，具体纳税期限由省、自治区、直辖市人民政府确定。
房产税	①纳税人将原有房产用于生产经营，以生产经营之月起，缴纳房产税。 ②纳税人自行新建房屋用于生产经营，从建成之次月起，缴纳房产税。 ③纳税人委托施工企业建设的房屋，从办理验收手续之次月起，缴纳房产税。纳税人在办理手续前，即已使用或出租、出借的新建房屋，应从使用或出租、出借的当月起，缴纳房产税。	实行按年计算，分期缴纳的征收方法，具体纳税期限由省、自治区、直辖市人民政府确定。
车船税	①纳税人使用应税车船，从使用之日起，发生车船税的纳税义务。 ②纳税人新购置车船使用的，从购置使用的当月起，发生车船税的纳税义务。 ③已向交通航运管理机关上报全年停运或者报废的车船，当年不发生车船税的纳税义务。停运后又重新使用的，从重新使用的当月起，发生车船税的纳税义务。	实行按年计算，分期缴纳的征收方法，具体纳税期限由省、自治区、直辖市人民政府确定。

续表

比较项目 内容 税种	纳税义务发生时间	纳税期限
印花税	合同签订、书据立据、账簿启用和证照领受时。	汇总缴纳的限期和限额由当地税务机关确定，但最长期限不能超过1个月。
契税	纳税人在签订土地、房屋权属转移合同的当天，或者取得其他具有土地、房屋权属转移合同性质凭证的当天为纳税义务发生时间。	纳税人应自纳税义务发生之日起10日内，向土地、房屋所在地的契税征收机关办理纳税申报，并在契税征收机关核定的期限内缴纳税款，索取完税凭证。
关税		纳税义务人或他们的代理人应在海关填发税款缴纳证之日起15日内，向指定银行缴纳，并由当地银行解缴中央金库。
土地增值税	纳税人在中国境内以出售或者其他方式有偿转让国有土地使用权、地上建筑物（包括地上、地下的各种附属设施）及附着物（简称转让房地产）并取得收入时。	纳税人应在转让房地产合同签订后的7日内，到房地产所在地主管税务机关办理纳税申报。

对于延期纳税，现行《税收征收管理法》明确规定，纳税人因有特殊困难，不能按期缴纳税款的，经省、自治区、直辖市国家税务局、地方税务局或者其授权的县税务局（分局）批准，可以延期缴纳税款，但是最长不得超过3个月（关税是6个月）。

纳税人申请延期缴纳税款必须在规定的纳税期限之前向主管国家税务机关提出书面申请，领取延期纳税审批表，说明原因，经主管国家税务局核准后在批准的延期内缴纳税款，未经核准的，仍应在规定的纳税期限内缴纳税款。具体的延期纳税申请流程如图 10－1 所示。

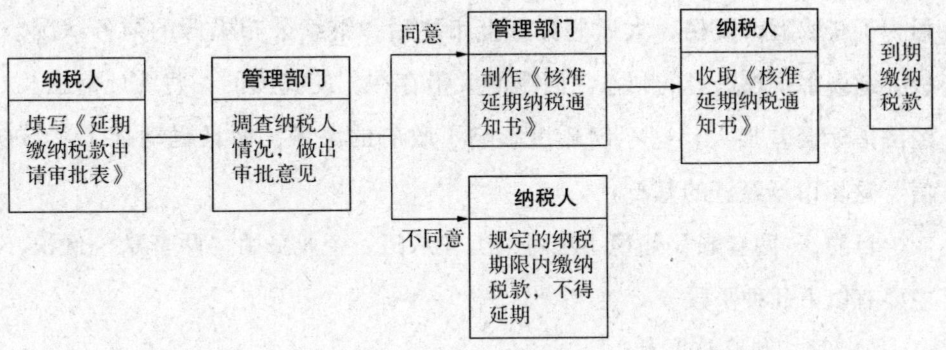

图 10－1　延期纳税申请流程

52. 施工企业的偷漏税问题

52. 1　两套账

两套账也叫账外账，以较为简明的话语来解释，即一套是按国家财务制度的标准编制的账；一套是按老板的标准编制的账。下面对会计人员在这方面易犯的错加以阐述。

从税收角度来看，企业做“两套账”，通过现金交易、体外循环形式，隐瞒应税收入，把应该缴给国家的税款占为己有，变成企业的利润，坑了

国家，肥了自己。同时，这种偷税行为也极易引发全行业、配套企业偷税的连锁反应，会严重扰乱正常的税收秩序。从大局来看，近年来，一些公司为了获取上市资格，大做假账，上市之后，继续公布虚假的财务状况，极大地损害了投资者的利益。假账的大量存在，使我国的一些统计信息及经济指标误差很大，这不仅严重影响了政府的决策，而且也动摇了“诚信”这块市场经济的基石。

目前，“两套账”偷税手法可谓五花八门。企业采用“两套账”偷税，主要有以下几种手段。

(1)“人机分算”法。

随着科学技术的不断进步，计算机在企业的生产经营过程中得到了广泛应用，有些企业便采取“人机分算法”偷税。其手段是，除建立一套计算机账外，另建一套人工操作账，两套账在不同的企业中因管理方法的不同而有所区别，有的企业的计算机账属真实经营情况，有的企业的人工账属真实账，其核算形式不外乎以上两种形式，即“一真一假”或“半真半假”。

(2)“机内分流”法。

有的企业完全取消了手工做账，全面推行计算机核算，为了达到偷税目的，企业往往在机内设立两套应用程序，将收入部分，特别是大量现金交易而不易被税务机关监管的收入，直接从机内分流，以达到偷税目的。

(3)“半真半假”法。

企业采用“半真半假两套账”偷税，其方法是，两套账都核算企业的经营情况，但都是企业真实经营情况的一部分，对企业有利的在对内核算账中反映，具体手段主要是采取抽单做账或者部分现金收入分离，如要了解和掌握企业整个经营的真实情况，需将两套账都检查清楚。

(4)“一真一假”法。

即一套账是对企业经营过程的真实反映，另一套账是对企业经营过程的虚假反映，企业采用“一真一假两套账”实施偷税行为时，对内核算账是按企业整个真实经营情况进行核算，对外核算采取虚假的经营收支进行核算。从表面上看，假账真算，天衣无缝，但其原始凭证往往只有被税务机关监控的正规发票和企业自制的虚假内容的费用报销单，内外两套账需共同依附的发票等原始凭证，对内采取复印或者经领导签字的说明件。

从税务检查情况看，“账外账”有以下两种形式：一种是流水账式的记录，按日或按月汇总金额，采用这类“账外账”偷税的主要是规模小、业务少的企业；另外一种是账簿式的记录，所有凭证资料俱全，业务详细，采用这类“账外账”偷税的主要是具有一定规模、业务频繁的企业。无论“账外账”形式如何，一般具有如下特点：一是隐蔽性强。用来向税务机关申报纳税的假账，随时都可拿出来应付税务机关的检查。而核算准确的真账却存放隐蔽处（一般不存放在公司），令执法部门不易查证，难以发觉。二是知情范围小。为了减少偷税风险，一般只有单位主要领导及主办财务人员知晓内幕，其他人并不知晓。三是使用范围广。由于“账外账”设置并不难，容易被不法分子用来偷逃国家税款，成为偷税最常用的伎俩之一。四是人员挑选严。采取“两套账”偷税的企业，在主办财务人员的选择上要求较严，因而一般都聘用自己的亲朋好友来担任。五是现金交易多，不法分子利用行业经营特点，采取大量现金交易，取得收入不开具合法凭证，在账上将经营业务收入化整为零或不完整反映，蓄意隐瞒收入偷逃税。

52.2 假发票

发票既是商品购买者的记账凭证，又是商品销售者的缴税依据，因而某些不法分子为了偷漏税款便在发票上动脑筋、做文章。

第一，最典型的就是“大头小尾”发票。按照正当手续，发票开出一式数联，其内容应当完全一致。一联交给顾客，一联留下作为存根备查，

前者即所谓“头”，后者即所谓“尾”。行为人只将发票联如实填写数额，却另将存根联少写，这就形成“大头小尾”，当然以“小尾”作为纳税依据，行为人就可偷漏税款；更有甚者，将发票存根销毁或隐匿，危害更为严重。第二，有的行为人涂改发票，从中渔利。第三，代开发票，这种做法目前十分严重。有些无照经营者，业务上需要使用发票，以吸收顾客，但又不能通过正当途径得到发票，于是就打通关节，找其他单位或个人代开发票。这样既可促进自己的销售，又可使“帮忙”者得到“手续费”等实惠，最后双方得利，国家受损。第四，使用外地发票。按照有关规定，企业在经营活动中必须使用当地的统一发票。一些单位或个人为了逃避税收，故意使用外地发票。这样对购买方来说影响不大，一样可作记账凭证，但对销售方来说却无从查其存根，从而给偷逃税款打开方便之门。第五，不开发票。有些购买者购物已用，有无发票无所谓，而销售者则利用此机售出物品而不开发票，隐瞒了真实的销售收入。更有甚者，采取“不要发票价格优惠”的手段，引诱顾客不要发票。第六，买卖假发票。目前市场上充斥大量的伪造发票，以少量钱币就可以买到大量的空白发票，上有伪造的税务监制章，使用者可随意填写。发票成为一些不法分子损公肥私的法宝。

52.3 采用低税率

由于我国实行差别比例税率制，如产品差别比例税率、行业差别比例税率、地区差别比例税率等，不同产品、不同行业、不同地区就有着不同税率，于是，有些纳税人就弄虚作假，尽量以低税率纳税，偷逃税款。下面对容易发生差错的地方加以阐述。

(1) 混淆基本税率、降低税率。不同的产品适用的税率不同，例如增值税实行三档税率；消费税分11个税目，每个税目的税率又有差别。有的企业为了偷税，故意将高税率商品，按低税率计算纳税额。例如，《增值税暂行条例》规定，增值税除了基本税率17%之外，还有一档照顾性的优惠税率13%，适用13%税率的货物有下列几类：粮食、食用植物油；自来水、暖气、冷气、热水、煤气、石油液化气、天然气、沼气、居民用煤炭制品；图书、报纸、杂志；饲料、化肥、农药、农机、农膜；国务院规定的其他货物。有的企业通过兼营业务，扩大优惠货物在兼营中的比重等手段，适用优惠税率，偷逃增值税。

（2）兼营不同税率商品，按低税率纳税企业兼营不同税率商品，不按商品种类分别采用适当的税率纳税，而全部以低税率计算，以达到偷逃增值税的目的。如某粮油公司以经营面粉、大米、玉米和食油为主，另外兼营挂面。公司当年销售挂面67 420公斤，每公斤含税价格为1.80元。企业在计算应交增值税时不按17%计算，而按面粉的税率13%计提应缴增值税，偷逃增值税4 000多元。

（3）混淆一般纳税人和小规模纳税人界限。小规模纳税人，是指经营规模较小，会计核算不健全的纳税人。小规模纳税人以外的纳税人简称为一般纳税人。两者依据不同的计税方法，计算缴纳增值税。一般纳税人采用购进扣税法，按17%、13%、0税率计税；小规模纳税人根据销售额，按6%税率征收增值税。两者应纳税额不同，使一般纳税人和小规模纳税人之间的转换可达到偷税目的。

如某小酒厂既生产粮食白酒，也利用当地特产的白薯、木薯生产薯类白酒。共生产粮食白酒价值40万元，薯类白酒价值15万元。由于两种酒类的税率不同，而且该厂经营管理水平低下，会计核算不健全，许多资料不全。该酒厂浑水摸鱼，故意将粮食白酒销售改为30万元，薯类白酒20万元，缴纳的消费税为粮食白酒7.5万元（300 000×25%），薯类白酒3万元（200 000×15%），共计缴纳消费税9.5万元。而实际粮食白酒应缴

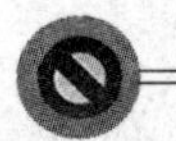

纳10万元（400 000 × 25%），薯类白酒应缴纳22 500万元（150 000 × 15%），共计缴纳消费税122 500万元。

再如，某商业企业2011年取得销售收入5 650 000元，其中，小麦销售收入1 925 000元；面粉销售收入1 348 000元；饼干及糖果销售收入2 377 000元。2011年取得进项税689 000元，该公司在账上未分开核算此三部分收入，用将其全年收入全部按13%的税率申报缴纳增值税，已纳增值税45 500元。该公司的行为是采取将高税率商品混入低税率商品中申报纳税的方式偷税。根据《中华人民共和国增值税暂行条例》第二条的规定，小麦与面粉属条款中“粮食”一项，适用税率13%，而饼干及糖果则不属此范围，适用税率17%。根据《增值税暂行条例》第三条的规定，纳税人兼营不同税率的货物或应税劳务，应当分别核算不同税率货物或者应税劳务的销售额；未分别核算的，从高适用税率。因此，该公司2011年偷税226 000元。

52.4　税款补交与退还

（1）因税务机关的责任，致使纳税人、扣缴义务人未缴税款的，税务机关在3年内可以要求纳税人、扣缴义务人补缴税款，但是不得加收滞纳金。

（2）纳税人享受出口退税及其他退税优惠政策的，应当按照规定向主管国家税务机关申请办理退税。

（3）由于纳税人、扣缴义务人计算错误等失误，未缴或者少缴税款的，税务机关在3年内可以追征税款、滞纳金；有特殊情况的，追征期可以延长到5年。

（4）纳税人超过应纳税额缴纳的税款，税务机关发现后应当立即退还；纳税人自结算缴纳税款之日起3年内发现的，可以向税务机关要求退还多缴的税款并加算银行同期存款利息，税务机关及时查实后应当立即退还；涉及从国库中退还的，依照法律、行政法规有关国库管理的规定退还。

53. 分包工程的纳税

分包工程纳税问题一直是一个热点问题。建筑市场工程分包行为的复杂性导致了不同分包工程纳税的复杂性。因此，尽管《营业税暂行条例》对于分包工程纳税有明确的规定，但是由于总包单位与分包单位签署分包合同的内容不尽相同，在纳税实务中出现不同的处理方法。然而，无论在分包合同中，总包方和分包方如何约定双方义务，都要根据《税法》的有关规定对分包工程进行合法纳税。不管是总包方还是分包方，既要避免重复纳税还要防止漏税，以免给企业带来损失。

工程分包中的涉税问题主要体现在三个方面：

（1）分包工程的纳税地点问题。

（2）尤其是与工程造价有关的分包工程营业额如何计税问题往往成为争论的焦点。

（3）分包营业额的计税问题。

【例10-1】某公司承包了一项路灯工程，因公司只有城市及道路照明施工专业资质，没有变压器安装资质。招标是采用总承包的方式，业主同意该公司中标后将变压器安装工程分包出去。结算时，分包单位按安装定

额计算工程造价后（含税）记入路灯工程总造价中，由该公司根据总承包额向业主开具工程发票。财务人员李丽在向分包单位代扣应缴的相关税金时，分包单位提出异议。分包方认为他们开票时需要计算缴纳一次税金，如果总包再代扣一次，他们就重复纳税了，所以总包方不能代扣。李丽要怎样做才合适呢?

根据《营业税暂行条例》的规定，建筑业的总承包人将工程分包给他人，以工程的全部承包额减去付给分包人价款后的余额为营业额。也就是说，存在工程分包的情况下，总承包单位应以全部承包额减去付给分包方价款后的余额计算缴纳营业税，分包人应该就其完成的分包额承担相应的纳税义务。同时，按照规定，总承包人属于法定的代扣代缴纳税义务人，在与分包方办理已完工程价款结算时，还应以与分包方结算的工程价款为依据计算并代扣代缴其营业税，并按规定对分包人开具扣代收税款凭证，分包人以此作为其完税凭证。

工程承包公司承包工程有两种形式。

第一种形式，工程合同由施工单位同建设单位签订，工程承包公司负责设计及对建设单位承担质量担保质量保证，并向施工单位按工程总额的一定比例收取管理费。

第二种形式，由工程承包公司同建设单位签订承包合同，然后将设计、采购等项工作转包给其他单位，工程承包公司只负责各环节的协调与组织。工程承包公司有的自身没有施工力量，或者自身虽有施工力量但不参与该项工程的施工，而将所有设计、施工、采购等项业务全部转包给其他单位，自身只从事协调与组织工作；有的自身有一定的施工力量且参与了该项工程的，但仍将其中的大部分施工任务转包给其他单位。工程承包公司的收入主要是总承包金额与分包金额之间的差额。

对于第一种形式，即工程承包公司不作为工程总承包人，仅作为建设单位与施工单位的中介人，无论工程承包公司是否具备施工力量，一律按“服务业”税目中的“代理服务”项目征收营业税。对于第二种形式，即工程承包公司作为工程的总承包人同建设单位签订合同，无论其是否具备施工力量，是否直接参与工程的施工，对其取得的收入，均按建筑业税目征收营业税。

由于施工生产的特殊性，工程分包还会导致其他方面的一些问题，比如由于工程项目分布广泛带来的纳税地点问题。大型工程项目施工往往涉及多个行政区域，而营业税属于地方税，由于地方利益竞争，在纳税实践中分包工程的纳税地点有时成为焦点问题。按照《营业税暂行条例》的规定，建筑安装业务实行分包的，总承包人应该按照建筑业营业税纳税地点的规定，扣缴分包应缴的营业税，即建筑业营业税的纳税地点在什么地方就在什么地方代扣代缴。具体来说就是：

①跨省工程的分包，由扣缴人在扣缴人的机构所在地代扣代缴；如果分包人将工程再一次分包出去，有一段工程仍是跨省工程，该段跨省工程的营业税亦由总承包人在其机构所在地代扣代缴。

②非跨省工程的分包，由扣缴人在工程所在地代扣代缴。

分包工程缴税问题在相关的营业税法中都有明确的规定，在纳税实务中要注意以下问题：

①工程承包中的营业税按照不重复纳税的原则计算缴纳。财务人员只要严格遵守上述原则，就会避免分包工程纳税失误。

②要区分工程承包是否属于分包行为，对于只起到协调等代理服务的承包行为，要按照服务业计算缴纳营业税。

③在有分包行为的建造合同中，无论总包单位的分包行为是否经过建设单位同意，都要针对整个工程承包额计算缴纳营业税；

54. 不列、少列和截留收入

54.1 截留收入，私设“小金库”

“小金库”指违反国家财经法规及其他有关规定，侵占、截留国家和单位收入，化大公为小公、化小公为私有，未在本单位财务会计部门列收列支或未纳入预算管理、私存私放的各种资金。资金主要来源包括：以各种名义挪用、转移国家预算内、预算外收入；截留销售收入、营业收入、营业外收入和其他收入；高价倒卖、非法牟取价差收入；一些经济主管部门和监督部门侵占、截留罚没收入。不包括党委、团委、工会会费，稿费提成和职工互助金等项目。“小金库”范围有：违规收费、罚款及摊派设立“小金库”；用资产处置、出租收入设立“小金库”；以会议费、劳务费、培训费和咨询费等名义套取资金设立“小金库”；经营收入未纳入规定账簿核算设立“小金库”；虚列支出转出资金设立“小金库”；以假发票等非法票据骗取资金设立“小金库”；通过往来账列收列支、转移资金、虚列支出或未列支出设立“小金库”等。

“小金库”是个别单位和部门违反国家财经法规及其他有关规定，侵占、截留、隐匿各种应交收入，或以虚列支出等方式将资金转移到本单位财务账外的资金，私存私放，不纳入企业预算管理，不将收支列入单位会计账内的行为，是在法律法规和财务制度之外另辟的一块“自留地”，因为其躲过了监督视线，它可以把企业应上缴国家的税款、用于正常的生产经营开支和发展资金当成单位福利发放，以收买人心，搞小团体利益，其实质是一种公款私分，是集体腐败，同时也是官员贪污挥霍、中饱私囊的“暗箱”。

“小金库”的存在具有以下危害。

①“小金库”是滋生腐败的土壤。

由于“小金库”资金深藏不露并掌握在少数人手中，使用起来方便，不受监督和制约，因此有些人便用它大搞不正之风，有的用它行贿，将公家的钱转换成联络感情、笼络人心、捞取“政治前途”的筹码；有的用它大吃大喝、请客送礼、游山玩水；有的将“小金库”资金花光分光，装进少数人腰包，据为己有，中饱私囊，使“小金库”成为损公肥私的“供应站”。

②“小金库”的存在使国家、集体和群众利益受到损害。

有的“小金库”资金是截留了应上缴的财政资金、税金或挤占、挪用财政专项资金等形成的，使国家的利益受到严重损害；有的“小金库”资金是转移单位的各项收入或资金形成的，如预算外收入、资产变卖收入、企业销售收入以及上级拨款和其他资金等，这些资金被转移到“小金库”中为少数人谋利益，国家、集体和广大群众的利益必然受到侵害。

③“小金库”的存在损害了党和政府的整体形象。

一些领导干部私设“小金库”并大肆挥霍资金，影响了干群关系，使群众对加强党风廉政建设丧失信心。

④“小金库”的存在严重破坏了社会经济秩序。

目前，一些单位的“小金库”已经改变了过去那种存“私房小钱”的性质，有的“小金库”已达到几百万元甚至上千万元，游离于财政监督系统之外，不仅污染社会风气，而且严重破坏了经济秩序。

54.2 不列、少列收入

《〈税收征收管理法〉及其实施细则释义》对“不列、少列收入”的解释是：“纳税人账外经营、取得应税收入不通过销售账户，直接转为利润或者专项基金，或者挂在往来账户不结转等行为”。

这种行为主要是以一些虚假手段掩盖真实的收支情况，表现形式一般是：明销暗记；将产品直接作价冲抵债款后不记销售；已经销售而不开发货票或以“白条”抵库不记销售，已销商品不记销售，长期挂在账户；擅自扩大材料成本减少销售收入；用罚款、滞纳金、违约金、赔偿金冲减销售收入；将展品或样品作价处理给职工不按销售记账；等等。

纳税人销售的货物（商品）已发出，但货款未收到，纳税人未按《增值税暂行条例实施细则》规定的纳税义务发生时间申报纳税。该行为产生的原因有以下几种：

（1）实际是采取赊销和分期收款方式销售货物，但没有签订书面协议，口头约定的收款时间未到期。

（2）纳税人对税收法律法规规定的纳税义务发生时间不了解而未及时申报纳税。

（3）购货方财务会计制度健全，必须取得购货发票，销货方待收到货款时再开具发票并作销售账务处理。

……

第（1）种情形的鉴别。纳税人采取赊销或分期收款方式销售货物，出于诚信等原因没有签订书面的收款约定，而是口头约定。从该情节的表面现象上看，其所发出的货物没有按规定作应税收入处理，并且无书面的“收款时间约定”，不符合“赊销或分期收款方式销售货物”的条件。但要从性质上认定为“不列、少列收入”行为，证据并不充分，还须查证其“分期收款发出商品”账户记录是否属实，同时还须取证于购货方，以证明该口头约定是否属实。如果账户记录属实，并且经查证购货方证明口头约定事实，就不能凭“现象”来判定是“不列、少列收入”的行为。

第（2）种情形的鉴别。在实践中，判断纳税人是否了解税收法律法规的具体规定有很大难度，没有明晰的、量化的标准来衡量。鉴别货物（商品）已发出，但货款未收到，纳税人未按规定的纳税义务发生时间申报纳税行为是否属于“不列、少列收入”，首先应区别行为人是否有账簿（包括主动提供的辅助账簿，下同）记录，以及账簿所反映以前结转的货物是否都按规定作了销售处理并申报纳税。这是鉴别行为人主观是否故意的依据。如果其货物（商品）发出，有账簿记录且账簿反映以前结转的货物都按规定作了销售处理的，那就说明其故意逃避纳税的意图并不明显。在这种情节下，就不应认定为“不列、少列收入”行为。如果不能提供账簿或者提供的账簿不能反映以前结转的货物都按规定作了销售处理的，这就说明主观上有故意逃避纳税意识，符合账外经营行为特征，应判定为“不列、少列收入”行为。

第（3）种情形虽然违反了《增值税暂行条例实施细则》关于纳税义务发生时间的规定，但购货方必须要取得购货发票，也就是说销货方的发出货物必须要开具发票才能取得销货款，是因为货款未收到而延期开具发票和申报纳税。这种行为较为常见，分析其特征的话，并不存在偷税的主观故意，而存在延期申报纳税的故意。因此不宜认定为“不列、少列收入”行为。如果开具了发票后仍不作销售的账务处理并申报纳税，才符合“不列、少列收入”行为特征。

55. 营业税的处理

在对营业税进行处理时，由于不同行业，税率也会有所不同，而会计人员往往在这方面容易出现差错。

纳税人提供应税劳务、转让无形资产或者销售不动产，按照营业额和规定的税率计算应纳税额。计算公式为：

应纳税额＝应税营业额×适用税率

应纳税额按人民币计算。纳税人按外汇结算营业收入的，其营业额的人民币折合率可以选择营业额发生的当天或当月1日的中国人民银行规定的基准汇率。

营业税按行业实行有差别的比例税率，具体设三档税率：

（1）服务业（包括代理业、旅店业、饮食业、旅游业、仓储业、租赁业、广告业及其他服务业）、金融保险业、转让无形资产（包括转让土地使用权、专利权、非专利技术、商标权、著作权、商誉）和销售不动产（包括销售建筑物及其他土地附着物）适用较高的5%的税率。

（2）娱乐业（包括歌厅、舞厅、卡拉OK歌舞厅、音乐茶座、台球、高尔夫球、保龄球、游艺）适用税率为20%。

（3）对交通运输业（包括陆路运输、水路运输、航空运输、管道运输、装卸搬运）、建筑业（包括建筑、安装、修缮、装饰及其他工程作业）、邮电通信业和文化体育业等基础产业和鼓励发展的行业适用较低的3%税率。

为了解决纳税人兼营不同税目应税行为不分别核算，税率高低不同不方便计算的问题，《营业税暂行条例》规定，纳税人兼营不同税目应税行为的，应分别核算不同税目的营业额；不分别核算或者不能准确提供营业额的，从高确定税率。

金融保险业以外汇结算营业额的，金融业按其收到外汇的当天或当季季末中国人民银行公布的基准汇价折合营业额；保险业按其收到外汇的当天或当月月末中国人民银行公布的基准汇价折合营业额，并计算营业税。

纳税人应事先确定选择采用何种折合率，确定后一年内不得变更。

【例 10－2】某建筑公司 20××年 4 月取得营业收入 15 万元，其中，工程用原材料 9 万元，动力价款 2 万元，转包一部分建筑工程支出 1 万元。该建筑公司应纳营业税额为多少？如何进行账务处理？

分析：建筑公司从事建筑、修缮、装饰工程作业，其营业额应包括工程所用原材料及其他物资和动力价款在内，故工程用原材料和动力价款不能从营业额中扣除。但建筑公司将工程分包或转包给他人的，付给分包人或转包人的价款准予扣除，但转包收入应由总承包人代扣代缴营业税。建筑业税率 3%。

①计算应纳营业税税额和应代扣代缴营业税税额：

应纳营业税税额 =（150 000 − 10 000）×3% = 4 200（元）

该公司负责代扣代缴转包部分营业税 = 10 000 × 3% = 300（元）

②应作会计处理如下：

计算应缴营业税时：

借：营业税金及附加　　4 200

　　贷：应交税费——应交营业税　　4 200

企业上缴营业税金时：

借：应交税费——应交营业税　　4 200

　　贷：银行存款　　4 200

计算代扣营业税时：

借：应付账款　　300

　　贷：应交税费——应交营业税　　300

代缴营业税金时：

借：应交税费——应交营业税　　300

　　贷：银行存款　　300

56. 房产税的处理

房产税是对我国境内拥有房产所有权的内资企业和其他单位以及中国籍居民，以房屋的计税余值或租金收入为征税对象课征的一种财产税。

房产税以房屋为征税对象。“房产”是指以房屋形态表现的财产。房屋是指有屋面和围护结构（有墙或两边有柱），能够遮风避雨，可供人们生产、工作、学习、娱乐、居住或储藏物资的场所。独立于房屋以外的建筑物，如围墙、烟囱、水塔、油柜、玻璃暖房、酒窖菜窖、酒精池、砖瓦石灰窑等，不属于房产。正是由于房产税征收的对象需要细致的划分，因此在计算时也要分类别进行计算，如此多的项目，也正是会计人员易犯错的点。

（1）计税依据。

房产税实行从价计征和从租计征两种计税方法，其计税依据分别为房产余值或租金收入。

①纳税人出租应税房产，采用从租计征的办法，其计税依据为房产的租金收入。房产的租金收入是房屋产权所有人出租房屋使用权所取得的报酬，包括货币收入和实物收入。对以劳务或其他形式作为报酬抵付房租收入的，由房产所在地税务机关参照当地同类房产租金核定。

②纳税人自用应税房产，采用从价计征的办法，其计税依据为房屋原值一次性减除10%～30%后的余值。具体减除幅度由各省、自治区、直辖市人民政府规定。

房屋原值的确定：有账面价值的，一律以账面价值为准，不再调整；无账面价值的，可通过查原始资料确定或重新评估（即重置价值）两种方法。

用简易建筑费、危房拆建经费建造的房产，有原值的，按原值征税；没有原值的，由房产所在地的税务机关参照同类房产核定征税。房产税纳税单位的职工宿舍按原值计征。

（2）征税范围。

税法规定，房产税在城市、县城、建制镇和工矿区征收，在农村的房产暂不征税。其中：

①建制镇是指省、自治区、直辖市人民政府批准设立的建制镇。建制镇的征税范围为镇人民政府所在地，不包括所辖的行政村。

②城市是指经国务院批准设立的市。城市的征税范围为市区、郊区和市辖县县城，不包括农村。

③县城是指未设立建制镇的县人民政府所在地。

④工矿区是指工商业比较发达、人口比较集中、符合国务院规定的建制镇标准，但尚未设立建制镇的大中型工矿区企业所在地。开征房产税的工矿区须经省、自治区、直辖市人民政府批准。

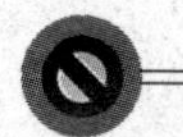

房产税以在征税范围内的房屋产权所有人为纳税人。其中：

• 产权属国家所有的，由经营管理单位纳税；产权属集体和个人所有的，由集体单位和个人纳税。

• 产权所有人、承典人不在房屋所在地的，由房产代管人或者使用人纳税。

• 产权出典的，由承典人纳税。所谓产权出典，是指产权所有人将房屋、生产资料等的产权，在一定期限内典给他人使用而取得资金的一种融资业务。这种业务大多发生于出典人急需用款，但又想保留产权回赎权的情况。承典人向出典人交付一定的典价之后，在出典期内即获抵押物品支配权，并可转典。产权的典价一般要低于卖价。出典在规定期间内须归还典价的本金和利息，方可赎回出典房屋的产权。由于在房屋出典期间，产权所有人已无权支配房屋，故税法规定由对房屋具有支配权的承典人为纳税人。

• 产权未确定及租典纠纷未解决的，亦由房产代管人或者使用人纳税。所谓租典纠纷，是指产权所有人在房产出典和租赁关系上，与承典人、租赁人发生各种争议，特别是权利和义务的争议悬而未决的。此外还有一些产权归属不清的问题也都属于租典纠纷。对租典纠纷尚未解决的房产，规定由代管人或使用人为纳税人，主要目的在于加强征收管理，保证房产税及时入库。

（3）税率。

房产税依据不同的税基，设置了两种税率。依照房产余值计算缴纳的，税率为1.2%；依照房产租金收入计算缴纳的，税率为12%。

（4）应纳税额的计算。

根据税法，房产税的计算方法有以下两种：

①从租计征。按租金收入计算。其计算公式为：

年应纳税额＝年租金收入×适用税率（12%）

②从价计征。按房产原值一次减除10%～30%后的余值计算。其计算公式为：

年应纳税额＝房产账面原值×（1－10%～30%）×1.2%

以上方法是按年计征的，如分期缴纳，比如按半年缴纳，则以年应纳税额除以2；按季缴纳，则以年应纳税额除以4；按月缴纳，则以年应纳税额除以12。

（5）房产税的纳税期限及纳税地点。

房产税由纳税人向房产所在地税务机关缴纳，按年征收，分期缴纳。具体纳税期限由省、自治区、直辖市人民政府规定。

房产不在同一地的纳税人，应按房产的坐落地点分别向房产所在地的税务机关缴纳房产税。

（6）房产税的会计处理。

为了反映和核算企业应缴、已缴、多缴或欠缴的房产税的情况，企业应在会计核算上设置"应交税费——应交房产税"科目进行核算。该科目贷方反映按规定计算应缴的房产税数额。借方反映实际缴纳的房产税数额；若有贷方余额，表示企业欠缴或需补缴的房产税款；若有借方余额，表示企业实际多缴纳的房产税款。企业计算出应缴的房产税时，借记"管理费用"等科目，贷记"应交税费——应交房产税"科目；按规定实际上缴房产税时，借记"应交税费——应交房产税"科目，贷记"银行存款"等科目。由于房产税也是按年征收、分期缴纳的办法进行征收，所以对其会计处理也可以按照车船税等方法进行，即如果房产税按月缴纳或分期缴纳，但税款金额不大的，可在按规定计算出应纳的房产税时，直接借记"管理费用"等科目；如果企业分期缴纳，而且每期缴纳的房产税数额比较大时，可以通过"待摊费用"科目，分期摊入有关成本费用中去。

57. 土地增值税的处理

对于土地增值税的处理，会计人员要格外的上心，里面的细节很多，也是容易出现差错的地方，下面做简单的阐述。

(1) 土地增值税的征税对象和征税范围。

土地增值税的征税对象是有偿转国有土地使用权及地上建筑物所取得的收入，包括其有偿转让房地产所取得的全部价款和有关经济收益，从形式上讲包括货币收入、实物收入和其他收入。

土地增值税的征税范围是有偿转让的国有土地使用权、地上建筑物及其附着物。这里所说的地上建筑物及其附着物是指建于地面上的一切建筑物、构筑物、地上地下的各种附属设施，以及附着于该土地上的不能移动、移动后会遭到损坏的各种植物、养殖物及其他物品。

(2) 土地增值税的纳税人。

土地增值税是对纳税人转让房地产所取得的增值额征收的一种税，是一种收益税，也是1994年税制改革中新开征的一个税种。

(3) 土地增值税的申报与缴纳。

纳税人应当从房地产合同签订日起7日之内向房地产所在地的主管税务机关进行纳税申报，并提交房屋及建筑物产权、土地使用权证书，土地转让、房产买卖合同，房地产评估报告和其他有关资料，然后按照主管税务机关核定的税额和规定的期限缴纳土地增值税。这里所说的房地产所在地，是指房地产的坐落地。如果纳税人转让房地产坐落在两个或两个以上地区的，应按房地产所在地分别纳税。

如果纳税人经常取得房地产转让收入而难以在每次转让后申报纳税，经过主管税务机关批准，可以定期申报纳税，具体期限由主管税务机关根据实际情况确定。

纳税人在项目全部竣工结算之前转让房地产取得的收入，由于各种原因无法据实计算土地增值税的，可以按照省级地方税务局的规定实行预征，待项目全部竣工、办理结算后清算，多退少补。

如果纳税人未按照规定缴纳土地增值税，土地管理部门和房产管理部门不能办理有关权属变更登记。

（4）应纳税额计算方法。

在计算土地增值税的应纳税额时，应当先用纳税人取得的房地产转让收入减除有关各项扣除项目金额，计算得出增值额。再按照增值额超过扣除项目金额的比例，分别确定增值额中各个部分的适用税率，依此计算各部分增值额的应纳土地增值税税额。最后加总各部分增值额应纳土地增值税税额，即为纳税人应纳的全部土地增值税税额。应纳税额计算步骤如下：

①计算增值率，即增值额占扣除项目金额比例（%）：

增值率 = 增值额 ÷ 扣除项目金额之和 × 100%

②计算增值额：

增值额 = 转让房地产收入 − 扣除项目金额之和

③计算应纳税额：

应纳税额 = Σ（每一级距的土地增值额 × 适用税率）

（5）免税、减税项目。

下列项目经过纳税人申请，经当地主管税务机关审批，可以免征土地增值税：

①由于城市实施规划、国家建设需要依法征用、收回的房地产。

②由于城市实施规划、国家建设需要而搬迁，由纳税人自行转让的房地产。

③建造普通标准住宅（指按照当地一般民用住宅标准建造的居用住宅）出售，增值税未超过各项规定扣除项目金额20%的。

④个人之间互换自有居住房地产的。

⑤个人因工作调动或者改善居住条件而转让原自用住房，经过主管税务机关批准，在原住房居住满5年的，免税；居住满3年不满5年的，减半征税；居住不满3年的，全额征税。

下列项目暂免征收土地增值税：

①合作建房，一方出土地，一方出资金，建成后按照比例分房自用的。

②以房地产进行投资、联营，联营一方以房地产作价入股或者作为联营条件，将房地产转让到所投资、联营的企业中的。

③企业兼并，被兼并企业将房地产转让到兼并企业中的。

58. 印花税的处理

由于印花税征收的对象是各种凭证，致使里面的细节会很多，那就需要会计人员格外的留心，才不会出现错误。

(1) 印花税的征税对象和征税范围。

印花税的征税对象是《印花税暂行条例》列举的各种凭证，主要包括以下5类：

①产权转移书据。包括企业在财产所有权和版权、商标专用权、专利权、专用技术使用权的买卖、继承、赠予、交换、分割等过程所书立的书据。其中，财产所有权转移书据是指经政府管理机关登记注册的不动产、动产的所有权转移所书立的书据，包括股份制房地产开发企业向社会公开发行的股票。

②权利、许可证照。指政府授予企业某种法定权利和准予从事特定经济活动的各种证照，包括房屋产权证、工商营业执照、商标注册证、专利证、土地使用证等。

③各种合同，包括依据《中华人民共和国合同法》订立的各种合同。

④经财政部确定征税的其他凭证。

⑤营业账簿。包括企业按照《会计法》和财务会计制度的要求设置的、反映其生产经营活动的各种账册。在印花税税目中，营业账簿分为记载资金的账簿和其他营业账簿两类。

（2）印花税的纳税人。

按照规定，凡是在中国境内书立、领受、使用税法列举凭证的单位和个人，都是印花税的纳税人。具体包括：

①立据人。凡书立产权转移书据的，以立据人为印花税的纳税人。如果立据人未贴花或少贴花的，应由书据的持有人负责补贴印花。如果所立书据以合同方式签订的，应由持有书据的各方分别按全额贴花。

②领受人。凡领受权利、许可证照的，以领受人为印花税的纳税人。对于同一凭证，如果有两方或者两方以上当事人签订并各执一份的，各方均为当事人，应当由各方就其所持凭证的各自金额贴花。

③立合同人。凡书立购销合同、加工承揽合同、建设工程承包合同、财产租赁合同、货物运输合同、仓储保管合同、借款合同、财产保险合

同、技术合同或者具有合同性质凭证的，以立合同人（指合同的当事人）为印花税的纳税人。

④立账簿人。凡建立营业账簿的，以立账簿人为印花税的纳税人。

（3）印花税的税率。

按照规定，印花税税率分为比例税率和定额税率。定额税率适用于权利、许可证照和其他营业账簿，其他则一律采用比例税率。具体适用税率见表10－2。

表10－2　　　　印花税税目及税率

税　目	范　围	税　率	纳税义务人	说　明
1. 购销合同	包括供应、预购、采购、购销结合及协作、调剂补偿、易货等合同	按购销金额0.3‰贴花	立合同人	
2. 加工承揽合同	包括加工、定作、修缮、修理、印刷、广告、测绘、测试等合同	按加工或承揽收入0.5‰贴花	立合同人	
3. 建设工程勘察设计合同	包括勘察、设计合同	按收取费用0.5‰贴花	立合同人	
4. 建筑安装工程承包合同	包括建筑、安装工程承包合同	按承包金额0.3‰贴花	立合同人	
5. 财产租赁合同	包括租赁房屋、船舶、飞机、机动车辆、机械、器具、设备等合同	按租赁金额1‰贴花。税额不足1元的按1元贴花	立合同人	
6. 货物运输合同	包括民用航空、铁路运输、海上运输、内河运输、公路运输和联运合同	按运输费用0.5‰贴花	立合同人	单据作为合同使用的，按合同贴花
7. 仓储保管合同	包括仓储、保管合同	按仓储保管费用1‰贴花	立合同人	仓单或栈单作为合同使用的，按合同贴花

续表

税　目	范　围	税　率	纳税义务人	说　明
8. 借款合同	银行及其他金融组织和借款人（不包括银行同业拆借）所签订的借款合同	按借款金额0.05‰贴花	立合同人	单据作为合同使用的，按合同贴花
9. 财产保险合同	包括财产、责任、保证、使用等保险合同	按保险费金额1‰贴花	立合同人	单据作为合同使用的，按合同贴花
10. 技术合同	包括技术开发、转让咨询、服务等合同	按所载金额0.3‰贴花	立合同人	
11. 产权转移书据	包括财产所有权和版权、商标专用权、专利权、专有技术使用权等转移书据	按所载金额0.5‰贴花	立据人	
12. 营业账簿	生产经营用账册	记载资金的账簿，按实收资本与资本公积合计总额0.5‰贴花。其他账簿按件贴花5元	立账簿人	
13. 权利、许可证照	包括政府部门发给的房屋产权证、工商营业执照、商标注册证、专利证、土地使用证	按件贴花5元	领受人	

59. 资源税与城市维护建设税的处理

资源税与城市维护建设税也是施工企业要上缴的，为了避免出现错误，会计人员应熟知它们才能准确核算。

59.1 资源税

资源税是国家对开发和利用国有自然资源的单位和个人，因资源结构和开发条件的差异而形成的级差收入所征收的一种税。资源税是国家财政收入的重要组成部分。

（1）资源税的征税范围。

资源税的征税范围，应当包括一切开发和利用的国有资源，但考虑到我国开征资源税还缺乏经验，所以资源税暂行条例本着纳入征税范围的资源必须具有商品属性，即具有使用价值和交换价值的原则，只将原油、天然气、煤炭、其他非金属矿原矿、黑色金属矿原矿、有色金属矿原矿和盐列入了征税范围。水资源等由于价格及征管经验等因素，暂未列入征税范围。属于资源税征税范围的资源及可以分为矿产品和盐两大类。

（2）纳税人。

在中华人民共和国境内开采应税矿产品或者生产盐的单位和个人，为资源税的纳税人。

（3）扣缴义务人。

为便于加强对资源税的征管和保证税款及时、安全入库，堵塞漏洞，在资源税暂行条例和细则中规定，以收购未税矿产品的单位（包括个体经营者）作为资源税的扣缴义务人。扣缴义务人主要是对那些税源小、零散、不定期开采，税务机关难以控制，容易发生漏税的单位和个人，在收购其未税矿产品时代扣代缴其应纳的税款。

扣缴义务人是对各有关单位收购的未税矿产品应交的资源税进行代扣代缴。具体实施、操作和管理，由各地根据本地的实际情况确定具体代扣代缴办法。

（4）资源税课税数量的规定。

资源税的课税数量是计算资源税应纳税额的依据，因此，正确地确定课税数量，对于准确地计算资源税的应纳税额是极其重要的。资源税的课税数量具体规定如下：

①纳税人开采或者生产不同税目应税产品的，应当分别核算不同税目应税产品的课税数量；未分别核算或者不能准确提供不同税目应税产品的课税数量的，从高适用税额。

②资源税纳税人自产自用应税产品，因无法准确提供移送使用量而采取折算比换课税数量办法的，具体规定为：

• 煤炭。对于连续加工前无法正确计算原煤移送使用量的，可按加工产品的综合回收率，将加工产品实际销量和自用量折算成原煤数量作为课税数量。

• 金属和非金属矿产品原矿。因无法准确掌握纳税人移送使用原矿数量的，可将其精矿按选矿比折算成原矿数量作为课税数量。

③纳税人开采或者生产应税产品销售的，以销售数量为课税数量；纳税人开采或者生产应税产品自用的，以自用数量为课税数量。

④纳税人不能准确提供应税产品销售数量或移送使用数量的，以应税产品的产量或主管税务机关确定的折算比率换算成的数量为课税数量。

⑤原油中的稠油、高凝油与稀油划分不清或不易划分的，一律按原油

的数量课税。

(5) 资源税纳税地点。

纳税人应纳的资源税，应当向应税产品的开采或者生产所在地主管税务机关缴纳。纳税人在本省、自治区、直辖市范围内开采或者生产应税产品，其纳税地点需要调整的，由省、自治区、直辖市税务机关决定。跨省、自治区、直辖市开采资源税应税产品的单位，其下属生产单位与核算单位不在同一省、自治区、直辖市的，对其开采的矿产品，一律在开采地纳税，其应纳税款由独立核算、自负盈亏的单位，按照开采地的实际销售量（或者自用量）及适用的单位税额计算划拨。

扣缴义务人代扣代缴的资源税，应当向收购地主管税务机关缴纳。

(6) 资源税纳税义务发生时间。

纳税人销售应税产品，纳税义务发生时间为收讫销售款或者取得索取销售款凭据的当天。具体规定为：

①纳税人采取预收货款结算方式的，其纳税义务发生时间为发出应税产品的当天。

②纳税人采取其他结算方式的，其纳税义务发生时间为收讫销售款或者取得索取销售款凭据的当天。

③纳税人采取分期收款结算方式的，其纳税义务发生时间为销售合同规定的收款日期的当天。

纳税人自产自用应税产品的纳税义务发生时间，为移送使用应税产品的当天。扣缴义务人代扣代缴税款的纳税义务发生时间，为支付货款的当天。

(7) 资源税的税目及税额。

资源税共设7个税目和若干子目，实行定额税率，从量定额征收。资源税税目、税额的调整，由国务院确定。税额的幅度见表10－3。

表10－3　资源税税目及税额幅度

税　　目	税额幅度
一、原油	80～30元/吨
二、天然气	2～15元/千立方米
三、煤炭	0.3～5元/吨
四、其他非金属矿原矿	0.5～20元/吨（立方米）
五、黑色金属矿原矿	2～30元/吨
六、有色金属矿原矿	0.4～30元/吨
七、盐：	
固体盐	10～60元/吨
液体盐	2～10元/吨

（8）应纳税额的计算。

资源税的应纳税额，按照应税产品的课税数量和规定的单位税额计算。应纳税额计算公式为：

应纳税额＝课税数量×单位税额

59.2　城市维护建设税

（1）城市维护建设税的征收。

按照规定，城市维护建设税应当与“三税”同时缴纳，自然其纳税期限和纳税地点也与“三税”相同。

企业应当于月度终了后在进行“三税”申报的同时，进行城市维护建设税的纳税申报。

（2）城市维护建设税的会计处理。

企业应当在“应交税费”账户下设置“应交城市维护建设税”明细账

户，专门用来核算企业应交城市维护建设税的发生和缴纳情况。该账户的贷方反映企业按税法规定计算出的应当缴纳的城市维护建设税，借方反映企业实际向税务机关缴纳的城市维护建设税，余额在贷方，反映企业应交而未交的城市维护建设税。

（3）纳税人。

按照现行税法的规定，城市维护建设税的纳税人是在征税范围内从事工商经营，缴纳“三税”（即增值税、消费税和营业税，下同）的单位和个人。任何单位或个人，只要缴纳“三税”中的一种，就必须同时缴纳城市维护建设税。例如，房地产开发企业从事房地产开发经营业务，属于营业税的纳税人，自然也是城市维护建设税的纳税人。

（4）应纳税额的计算。

按照现行税法规定，城市维护建设税应以纳税人实际缴纳的“三税”为计税依据，与“三税”同时缴纳。

按照规定，城市维护建设税以“三税”为计税依据，指的是“三税”的实缴税额，不包括企业因为没有按期纳税所应缴纳的滞纳金或因违反税法规定而应缴纳的罚款。

城市维护建设税按照纳税人所在地实行差别税率：

①市区的适用税率为7%。

②县城、建制镇的适用税率为5%。

③其他地区的适用税率为1%。

城市维护建设税的应纳税额的计算公式为：

应纳税额 = 计税依据 × 适用税率

= 企业实际缴纳的增值税、消费税、营业税之和 × 适用税率

参 考 书 目

1. 方晶晶，张思纯编著：《建筑施工企业会计核算实务》，化学工业出版社2011年版。

2. 周霞主编：《新编施工企业会计操作实务》，经济科学出版社2011年版。

3. ——编著：《施工项目会计核算与成本管理》，经济科学出版社2011年版。

4. 代义国主编：《施工企业会计报表编制实战步步通》，广东经济出版社有限公司2011年版。

5. 李志远编著：《施工企业会计实务》，中国市场出版社2012年版。

6. 赵庚学编著：《施工企业财务管理与会计实务》，中国财政经济出版社2012年版。

7. 刘德道，公玲著：《成本会计方法与实务》，中国经济出版社2011年版。